Johannes Loy

Das Münsterland im Jahreslauf

Johannes Loy

Das Münsterland im Jahreslauf

Feste, Brauchtum, Begegnungen

Mit Fotos von Matthias Ahlke, Wilfried Gerharz,
Dieter Klein, Jürgen Peperhowe, Oliver Werner u. a.

ASCHENDORFF MÜNSTER

Bildnachweis

Seite 1:
Eine Weide, ein paar knorrige Obstbäume, Sonnenstrahlen, die sich den
Weg durch den Dunst bahnen, das ist Münsterland-Stimmung pur.

Seite 2:
Lili aus Rosendahl und ihr Hund Sina freuen sich über die Krokusse.
Der Frühling im Münsterland ist da.

Farblithographie
Jürgen Christ
Satz und Layout
Winfried Daut

Inhalt

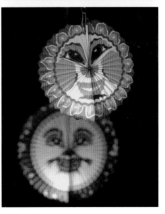

Ein Wort zu Beginn

Du lebst nirgendwo so anständig wie im Münsterland", pflegte mein Vater zu sagen, wenn wir in den 70er Jahren von Mariendorf an der Peripherie Münsters mit dem Fahrrad über Nebenwege und Pättkes in Richtung Baumberge fuhren oder nach Telgte. Mit „anständig" meinte er nicht irgendeine moralische Wertung, sondern ein Stück Lebensqualität, das er anderswo vermisste. Sein Blick wanderte staunend über gepflegte und von Wallhecken umsäumte Ackerflächen, blühende Wiesen, stattliche Höfe im Schatten alter Eichen und richtete sich schwärmend auf Kirchtürme, die weit hinter den schnurgeraden Chausseen auftauchten. Münster, die in studentischen Liedern besungene „Liebe Stadt im Lindenkranze", bildete damals und bildet heute den Dreh- und Angelpunkt einer Region, die manche voreilig als Provinz bezeichnen. Doch „Provinz" ist eine Wertekategorie, die mit gedanklicher Enge zu tun hat, nichts mit der geografischen Lage einer Region. Für die Menschen, die im Münsterland leben, aber auch für jene, die aus den Großstädten und Industrierevieren ins Münsterland kommen, ist diese meist flache, ländliche und wunderbar grüne Welt an Ems, Werse und Aa ein Refugium, ein Zufluchtsort also, ein Zuhause, ein Stück Heimat. Zum Glück ist „Heimat" heute kein ausgrenzender oder engstirniger Begriff mehr.

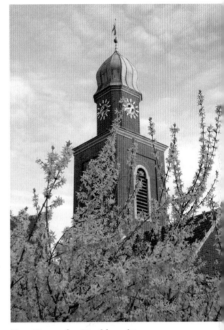

Der Turm der Dyckburgkir-
che an der Peripherie Münsters
präsentiert sich im österlichen
Schmuck der Forsythien-Blüten.

Dieses Buch soll jene Menschen erfreuen, die im Münsterland leben, hier zu Hause sind oder eine neue Heimat gefunden haben. Gleichzeitig ist es eine Einladung und Erinnerungsgabe für Gäste und Besucher, die von nah und fern ins Münsterland streben, weil sie Ruhe vom Alltagsbetrieb suchen und auftanken möchten.

Ich habe das Buch gleichzeitig als Wegbegleiter durch das Jahr und die Jahreszeiten angelegt. Auch in Zeiten des Internets, der Globalisierung, Betriebsamkeit und Mobilität zeigen sich gerade im Münsterland die verlässlichen und beruhigenden Rhythmen des Lebens in christlichen Festzeiten, traditionellem Brauchtum und mitmenschlichen Begegnungen. In Texten und Bildern soll vieles davon aufscheinen. Der Bogen spannt sich chronologisch von Neujahr bis Silvester und rankt sich um die zentralen Festkreise von Ostern und Weihnachten. Trotz allmählich verdunstenden Glaubens und einer vielerorts nur noch zur Weihnachtszeit aufscheinenden Restreligiösität

Wenn der Raps im Frühling blüht, zeigt sich das Münsterland wie hier in den Baumbergen bei Coesfeld von seiner allerschönsten Seite.

prägen christliche Feste und Bräuche nach wie vor den Jahreslauf im Münsterland. So manche Eigenarten und feine Details der Region kommen ebenfalls in Text und Bild zur Sprache. Hier spannt sich der Bogen von Wallfahrten bis zu Lambertusfeiern und von Ballon-Wettfahrten oder Marathonläufen bis hin zu dem mittlerweile weltweit bekannten schwarzen Schwan Petra auf dem Aasee. Zwei Kapitel beschäftigen sich zudem mit dem sich spürbar wandelnden Klima im Münsterland. Denn das Wetter bietet immer wieder Gesprächsstoff. Sollte dieses Buch demnächst wie ein gutes Hausbuch in vielen Wohnstuben des Münsterlandes zum Lesen, Schmökern und Staunen ausliegen und einladen, dann hat sich die Mühe des Sammelns, Sichtens und Schreibens mehr als gelohnt.

Münster/Bösensell, im September 2007

Johannes Loy

„Wir kommen daher aus dem Morgenland"

Draußen ist Fußgetrappel und Kinder-Getuschel zu hören. Es klingelt. Irgendjemand drückt auf die Türklingel. Ein tiefes Einatmen, und dann legen sie los: „Wir kommen daher aus dem Morgenland!" oder „Die Heil'gen Drei König' mit ihrigem Stern". So oder ähnlich geht es um den 6. Januar im Münsterland zu, wenn die Sternsinger kommen. Fesch sehen sie aus. In vielen Gemeinden sorgen meistens die Mütter für besonders fantasievolle Kostüme mit Schleier, Umhang oder Turban. Viele der jungen Sängerinnen und Sänger haben auch Pappkronen auf, hier und da blinkt ein gläserner „Edelstein". Einer trägt den Stern, der den Weg weist. Ein anderer präsentiert die Sammeldose. Der Dritte kommt als Schwarzer daher. Nach dem Segensgruß bitten die jungen Gäste um Gaben für Kinder in Not, in Afrika oder Asien, und etwas Süßes darf's natürlich auch sein. Das verschwindet im Bollerwagen und wird später im Pfarrheim verteilt. Der ganz große Überschuss geht vielleicht auch an ein Weisenhaus, damit sich die Sternsinger nicht den Magen verderben. Doch es geht nicht nur ums Sammeln und Singen. Einer der Sternsinger zieht ein Stück Kreide hervor und malt an die raue Hauswand den Segensspruch 20 C + M + B 07. Die von der Jahreszahl umrahmten Buchstaben deutet mancher als „Caspar, Melchior und Balthasar", doch sie stehen für „Christus mansionem benedicat" – „Christus segne dieses Haus". Denn auch darum geht es: Das neue Jahr soll ein gutes Jahr im wörtlichen Sinne werden. Ein Jahr mit göttlichem Beistand.

Gäbe es das Sternsingen nicht, man müsste es erfinden. Jeder, der einmal in kirchlichen Gruppen mitgearbeitet oder eine Messdienerkarriere aufzuweisen hat, kann sich an jene spannenden Tage zurückerinnern, an denen man selber noch in die Fußstapfen der Magier aus dem Morgenland trat. In der Dyckburg-Gemeinde an der Peripherie in Münster zum Beispiel war der Autor dieser Zeilen in den 70er Jahren stets gegen Ende der Weihnachtsferien unterwegs und erinnert sich, dass vier oder fünf Fußgruppen reichlich zu tun hatten. Das Territorium der Pfarre reichte vom Kanal an der Kleimannbrücke über Mariendorf und Sudmühle bis zur Werse nach Handorf und vom Bauer Hovestadt an der Grenze nach Gelmer bis zum Dreifamilienhaus an der Umgehungsbahn. Mal hatte man Glück und durfte das nahegelegene Mariendorf oder das dich-

Die Sternsinger bringen Segenswünsche zum Neuen Jahr

Diese junge Sternsingerin aus dem Münsterland hat sich mit einer bemerkenswert schönen Krone geschmückt. Bald wird sie den Stern durch die Straßen ihrer Pfarrgemeinde tragen.

Gekrönte Häupter: Wie hier bei einer zentralen Aussendungsfeier für die Sternsinger des Bistums Münster in Ahaus zeigt sich, dass die jungen Christen ihren ernsten und wichtigen Dienst für arme Kinder in der Welt auch mit der nötigen Portion Humor anreichern. Nach der frommen Feier geht es dann hinaus in die Straßen, Gassen und Winkel der Münsterland-Gemeinden.

ter besiedelte Sudmühle aufsuchen, was viele offene Türen und wenig Laufstrecke bedeutete. Nicht so angenehm dagegen war das Gewerbegebiet Kleimannbrücke jenseits des Schiffahrter Damms, wo an vielen Firmensitzen die Türen geschlossen blieben, die Ausbeute an Süßigkeiten zu wünschen übrig ließ und die Füße aufgrund der größeren Wegstrecke schmerzten. Am Mittag oder frühen Nachmittag wurde das Geld im Pfarrhaus gezählt und fachmännisch in Rollen verpackt, im Keller zählten die Obermessdiener fein säuberlich die Schokoladetafeln, Plätzchentüten und sonstiges Naschwerk ab. Zehn oder fünfzehn Tafeln Schokolade waren pro Sternsinger keine Seltenheit und verhießen eine weiterhin unbeschwerte Weihnachts- und Winterzeit. Denn auch daran kann ich mich erinnern: Die Weihnachtszeit dauerte gefühlsmäßig irgendwie länger, sie brach nicht so abrupt mit dem Ende der Winterferien ab wie heute. Die Krippen, erst am 6. Januar um die Magier aus dem Morgenland erweitert, standen wirklich bis zum 2. Februar, zum Fest der „Darstellung des Herrn", im Volksmund auch Mariä Lichtmess genannt.

In Deutschland sind heute Jahr für Jahr rund 500.000 Sternsinger unterwegs. Ihre Bedeutung lässt sich auch daran ermessen, dass ihre Abordnung aus den Diözesen den Bundespräsidenten und den Bundeskanzler in Berlin besuchen. Auch das Bistum Münster achtet darauf, dass die zentralen Aussendungsfeiern festlich gestaltet werden.

In beinahe allen der rund 12.500 katholischen Pfarrgemeinden in Deutschland bringen die Sternsinger als Heilige Drei Könige mit dem oben bereits erläuterten Kreidezeichen „C + M + B" den Segen „Christus mansionem benedicat – Christus segne dieses Haus" zu den Menschen und sammeln für Not leidende Kinder in aller Welt.

Seit ihrem Start 1959 hat sich die Aktion Dreikönigssingen mit ihrer zentralen Schaltstelle in Aachen zur weltweit größten Solidaritätsaktion entwickelt, bei der sich Kinder für Kinder in Not engagieren. Im ersten Jahr hatten sich rund 100 Pfarrgemeinden beteiligt und etwa 45.000 Euro gesammelt. Seither kamen insgesamt rund 397 Millionen Euro zusammen, gut 33.900 Projekte und Hilfsprogramme für Kinder in Afrika, Lateinamerika, Asien, Ozeanien und Osteuropa wurden nachhaltig unterstützt. Bei der 48. Aktion zum Jahresbeginn 2006 sammelten die Mädchen und Jungen aus 12.421 Pfarrgemeinden und Gruppen 38,7 Millionen Euro. Mit den Mitteln werden weltweit Projekte zum Beispiel in den Bereichen Evangelisierung, Bildung, Gesundheit, Wasserversorgung, Ernährung, Rehabilitation und Nothilfe gefördert.

Träger der bundesweiten Aktion sind das Kindermissionswerk „Die Sternsinger" mit Sitz in Aachen und der im gesamten Bundesgebiet vertretene Bund der Deutschen Katholischen Jugend (BDKJ). In Zusammenarbeit mit Verantwortlichen aus den 27 deutschen Diözesen legen die Träger unter anderem das jährliche Leitwort der Aktion und ein Beispielland fest. Über Informationen, Spiele und Aktionsvorschläge zu Beispielland und Motto lernen Kinder in Deutschland die Lebenssituation von Gleichaltrigen in Ländern der so genannten Dritten Welt kennen und können so die Zusammenhänge in der „Einen Welt" verstehen. Auf diese Weise erfahren sie, dass der Einsatz für eine gerechte Welt Freude bereitet. 2005 war Thailand das Beispielland, 2006 Peru und 2007 Madagaskar. Die Erlöse aus der Aktion sind selbstverständlich nicht nur für Projekte im jeweiligen Beispielland bestimmt, sondern fließen in Hilfsprogramme für Kinder rund um den Globus. Zuweilen haben auch die Gemeinden im Münsterland eigene Patenschaften mit Kirchen in benachteiligten Ländern.

Unterschiedliche Gruppen engagieren sich als Sternsinger: Mit dabei sind Katholische Jugendverbände, vor allem aber die Messdienerinnen und Messdiener, aber auch Kinderchöre. Neben den in der Mehrzahl zwischen acht und 13 Jahre alten Kindern, die als Kaspar, Melchior und Balthasar An-

fang Januar von Haus zu Haus ziehen, sind rund 80.000 ältere Jugendliche und Erwachsene bei der Begleitung der Kinder und in der Vorbereitung aktiv. Sie bereiten die Aktion vor, indem sie die Hilfsprojekte erläutern, die Pappkronen und Kostüme auf Vordermann bringen. Nicht zuletzt sorgen sie dafür, dass die Sternsinger im Zweifelsfall mit dem Auto durch die Bauerschaften kutschiert werden, sie kochen warmen Kakao oder eine warme Suppe im Pfarrheim. Als vorbildliche Aktion von Kindern für Kinder wurde die Sternsingeraktion 2004 in Münster mit dem Westfälischen Friedenspreis ausgezeichnet.

Das Sternsingen oder Dreikönigssingen ist übrigens ein recht alter Brauch. Seit der Mitte des 16. Jahrhunderts lässt er sich nachweisen. Zunächst zogen nur erwerbslose Handwerker oder Soldaten, später auch Kinder mit dem Bettelsack singend von Haus zu Haus, um auf diesem Heischegang Süßigkeiten und Geschenke zu erbetteln. Sie waren meist als Könige verkleidet, einer von ihnen auch immer als „Mohr". Deutschlands Dichterfürst Johann Wolfgang von Goethe (1749–1832) wusste zu seiner Zeit noch nichts von einem Sternsingen der Kinder und seinem wohltätigen Zweck, deshalb reimte er in einem Gedicht ein wenig zynisch: „Die heiligen drei König' mit ihrem Stern, sie essen, sie trinken, und bezahlen nicht gern."

Diese munteren Weisen aus dem Morgenland ziehen durch Saerbeck. Der Bollerwagen für die Süßigkeiten darf dabei natürlich nicht fehlen.

Noch liegt das Jahr im Schlummer

Im Windschatten der Weihnachtszeit

Eine etwas merkwürdige, konturlose Zeit bricht an: Die Rede ist von den Wochen nach den Weihnachtsferien und nach dem offiziellen Ende der Weihnachtszeit, die ja heute nicht mehr bis zum Fest „Mariä Lichtmess", sondern nur noch bis zum Sonntag nach dem Dreikönigsfest dauert. Wenn bis Dreikönige kein Winter ist, so heißt es in einer alten Wetterregel, kommt häufig auch kein Winter mehr. Folglich präsentiert sich das Münsterland in dieser Zeit meistens grau in grau oder auch stürmisch. Am Sonntag nach dem 6. Januar feiert die Kirche das Fest der „Taufe Jesu", damit beginnt sozusagen sein öffentliches Wirken. Ein Zeitsprung von rund 30 Jahren in der Biografie Jesu wird durch die Gläubigen sozusagen in wenigen Tagen vollzogen. Kein Wunder, dass der Übergang abrupt erscheint und man nicht so recht mitkommt. Auch wenn zwischen dem Fest Epiphanie und dem öffentlichen Erscheinen Jesu mit der Taufe im Jordan natürlich ein innerer Zusammenhang besteht.

Bis zur kirchlichen Kalenderreform 1969, aber auch noch in den Jahren darauf war es selbstverständlich, dass der Tannenbaum bis weit in den Januar hinein stehenblieb, bis schließlich die Nadeln so stark rieselten, dass man den Baum nicht mehr in der Wohnung behalten konnte. Die Krippe blieb in jedem Falle bis zum 2. Februar an ihrem Platz, auch wenn sie daheim vielleicht nur noch mit ein paar Weihnachtssternen geschmückt werden konnte. Dadurch, dass die meisten Zeitgenossen aufgrund der allgemeinen „Zeitverschiebung" schon im Advent und sogar Wochen davor Weihnachten feiern, ist die eigentliche Weihnachtszeit längst entwertet.

Ein markantes Datum des frühen Jahres jedenfalls ist der 2. Februar bis heute. Der Tag wird im Volksmund „Lichtmess" oder „Mariä Lichtmess" genannt, offiziell jedoch heißt das Fest, das hier gefeiert wird, „Darstellung des Herrn". Das Datum lässt sich von Weihnachten her berechnen, denn der 2. Februar liegt 40 Tage nach dem Weihnachtsfest. Nach dem alttestamentlich-mosaischen Gesetz galt eine Frau nach der Geburt eines Kindes als kultisch unrein und musste nach Ablauf dieser Frist ein Opfer im Tempel darbringen. Der Erstgeborene galt zudem als Eigentum Gottes und musste im Tempel „dargebracht" werden. Dem Lukasevangelium zufolge wird das Jesuskind vom greisen Simeon und der Prophetin Hanna als der versprochene Messias erkannt.

Wenn dicke Schneeflocken Münster einhüllen, müssen Briefträger und Radfahrer ganz schön kämpfen.

Die Ostkirche legte den Schwerpunkt des Festes eher auf die Begegnung des Herrn mit dem Gottesvolk des Alten Bundes, im Westen stand mehr das Fest der „Reinigung Mariens" im Vordergrund. Im 4. Jahrhundert ist das Fest in Rom bereits bekannt. Kerzenweihe und eine Lichterprozession kamen erst später hinzu, so dass sich die Festbezeichnung Mariä Lichtmess allmählich durchsetzte. Seit 1969 wird das Fest jedoch wieder als Herrenfest gefeiert und heißt „Darstellung des Herrn". Doch es dauert, bis sich eine solche Umformulierung auch im Volksmund durchsetzt, deshalb ist im Volk weiterhin von Lichtmess die Rede. An diesem Festtag werden nach altem Brauch die Kerzen für den Kirchen- und Hausgebrauch geweiht. Die Kerzen wurden früher das Jahr über bei Unwettergefahr angezündet.

Wenn auch sonst nur noch wenige Heiligenfeste im Jahr im Bewusstsein der Bevölkerung vorhanden sind, so ist das Fest des heiligen Märtyrerbischofs Blasius, der den 14 Nothelfern zugerechnet wird, fest im kirchlichen Brauchtum verankert.

Meistens fällt Nass- oder Pappschnee im Münsterland. So kann man, wie hier auf dem Bremer Platz hinter dem Hauptbahnhof in Münster, gut einen Schneemann bauen.

Der Sendener Kaplan Jochen Reidegeld erteilt Gläubigen in der Bösenseller Pfarrkirche St. Johannes den Blasius-Segen.

Der Legende nach soll der im Jahre 316 durch Enthauptung getötete Blasius, der vor seinem Dienst als Bischof Arzt gewesen sein soll, ein Kind, das eine Fischgräte verschluckt hatte, vor dem Ersticken bewahrt haben. Der so genannte Blasius-Segen ist bis heute ungemein populär und wird zumeist im Anschluss an den Gottesdienst zum Fest „Darstellung des Herrn" durch den Priester gespendet. Dabei benutzt er zwei gekreuzte Kerzen, die unten miteinander verflochten sind. Dazu wird die Segensformel gesprochen: „Durch die Fürsprache des heiligen Bischofs und Märtyrers Blasius befreie und bewahre dich der Herr von allem Übel des Halses und jedem anderen Übel." Natürlich glaubt heute kaum jemand ernsthaft, dass der Blasiussegen automatisch gegen Fischgräten schützt. Genauso wird niemand ernsthaft geweihte Kerzen gegen ein Unwetter in Stellung bringen. Segen und Symbole freilich erinnern die Christen daran, dass sie an einen Gott glauben, der es, auch in Notlagen, gut mit ihnen meint. Um diesen Glauben und dieses begründete Vertrauen geht es.

Wo in früheren Jahrhunderten Weihnachten am 25. Dezember gefeiert wurde, erreichte man nach einem 40-tägigen Festkreis den 2. Februar. Wo hingegen am 6. Januar das eigentliche Weihnachtsfest anstand, dort erreichte man den alten Festtermin – etwa in Gallien – am 14. Februar. Es gibt Vermutungen dass durch die Rückwanderung des Lichtmesstermins auf den 2. Februar der 14. Februar als Valentinstag zustandekam. Der Tagesheilige des 14. Februar, Valentin, soll angeblich gegen den Willen der römischen Obrigkeit Christen getraut und an die Liebenden auch Blumen verschenkt haben. Die wohl noch wahrscheinlichste Überlieferung über Valentin ist, dass er Bischof von Terni in Mittelitalien war und dort um 268 den Märtyrertod starb. Ein Kult um Valentin entwickelte sich schon recht früh in Terni und in Rom. Jedenfalls wurde das Valentinsfest am 14. Februar schon im 5. Jahrhundert gefeiert. Man kann sich manchmal nur darüber wundern, dass solche Heiligengedenktage auch in einer weitgehend säkularisierten Welt überdauert haben. Doch hängt dies vermutlich daran, dass das Brauchtum dieses Tages ein urmenschliches Bedürfnis nach Liebe und Partnerschaft anspricht. Vor allem die Blumen- und Geschenkartikelhändler jedenfalls wissen den Valentinstag wirkungsvoll zu bewerben. In den Tageszeitungen des Münsterlandes finden sich ganze Sonderdruckseiten mit Liebes- und Treueschwüren. Die Namen, die die Verliebten füreinander finden, kratzen dabei häufig an der Komikgrenze.

Auch wenn der Winter im Münsterland nicht besonders grimmig ist: Für eine kleine Schneeballschlacht wie hier in Münster am Nordplatz (oben) oder für eine Schlinderpartie wie in Warendorf (links) reichen die wenigen Zentimeter der weißen Pracht.

Die Palette reicht von tierischen Kosenamen wie Brummbär oder Mausi bis zu den fantastischsten Lautgebilden, von denen Schnuckiputzi wohl noch eines der geläufigsten und harmlosesten ist.

Seite 18: Auf den Autobahnen im Münsterland, wie hier auf der A 43 bei Dülmen, reichen ein paar ergiebige Schneeschauer schon aus, um den Straßenverkehr gehörig aus dem Takt zu bringen. Im Notfall müssen dann auch die Abschleppdienste die liegengebliebenen Fahrzeuge wieder auf die rechte Spur bringen.

Seite 19: Jahr für Jahr gehört auch das Kramermahl in Münster zu den wiederkehrenden Ereignissen im Jahreslauf. Führende Vertreter des münsterschen Wirtschaftslebens hören Vorträge der geladenen Ehrengäste, setzen sich anschließend bei westfälischen Speisen wie Grünkohl und Stippmilch zusammen und erörtern die gesamtgesellschaftliche respektive wirtschaftspolitische Lage.

Die tollen Tage im Münsterland

**Karnevalsbrauch-
tum früher und
heute**

Es sind nicht einfach mehr nur ein paar tolle Tage. Längst hat sich auch im Münsterland die Karnevalszeit zu einer „fünften Jahreszeit" entwickelt. Dass Karneval nicht mehr nur die Leichtigkeit des Seins vor dem Beginn der 40-tägigen Fastenzeit widerspiegelt, sondern manchmal auch durchaus ernste Auseinandersetzungen mit sich bringt, zeigte vor Jahr und Tag ein Streit, der die münstersche Karnevalsgesellschaft „Paohlbürger" zerriss. Die traditionsreiche Gesellschaft, überregional bekannt durch ihr „Tennengericht", bei dem Prominente angeklagt und anschließend unter humorigen Auflagen freigesprochen werden, offenbarte Gärungsprozesse. So kam es unter anderem zum Auszug eines Teils der Mitglieder: Das so genannte 1. Bischöflich-Münstersche Offiziers-Korps, das auch für den karnevalistischen Tanz zuständig ist, packte die Sachen und ging. Nahm dabei aber eben auch die Uniformen und zugehörigen Utensilien mit. Zu Unrecht, meinten die Paohlbürger: Gehen dürfe zwar jeder, doch die Sachen gehörten der Karnevalsgesellschaft. Der Karnevalsstreit ging bis vor die Gerichte, was weniger die Paohlbürger, dafür um so mehr die münsterländischen Zeitungsleser amüsierte. Karneval kann also manchmal eine ganz ernste Angelegenheit sein.

In der Regel freilich geht das karnevalistische Treiben im Münsterland wie auch in ganz Westfalen heute ohne Gerichtsprozesse und weitgehend in geordneten Bahnen vor sich, was mit Blick auf die Geschichte der tollen Tage nicht selbstverständlich ist. Das karnevalistische Treiben ist übrigens nicht zufällig kurz vor der Fastenzeit angesiedelt: Karneval und Fastnacht haben viele ihrer Wurzeln im Ablauf des liturgischen Jahres und damit in der Einteilung des christlichen Festkalenders. In der Zeit vor den Fastentagen verabschiedete man sich schon im Mittelalter von diesseitigen Gelüsten, indem man sich ihnen noch einmal besonders intensiv widmete. Der Theologe und Volkskundler Manfred Becker-Huberti bringt es auf den Punkt: „Heute muss daran erinnert werden, dass es eine Fastnacht ohne die nachfolgende Fastenzeit überhaupt nicht gäbe, so sehr ist der alte Sinn der Fastnacht verlorengegangen. Die Fastenzeit begründet die Fastnacht, denn ehe die Zeit des Verzichts beginnt, soll der Mensch sich von der Zeit der weltlichen Fülle gebührend verabschieden, um die Fastenzeit als eine Zeit der geistlichen Fülle zu erfahren." Ein deutlicher Hinweis auf

Bei der Karnevalsgesellschaft „Paohlbürger" kommt es Jahr für Jahr zur „Festnahme" Prominenter. Auch Ingrid Steeger musste hier schon vor den Kadi. Oberwachtmeister Thomas Steinbrede hat sie fest im Griff.

diese christliche Deutung des Karnevals und der Fastnacht ist die besondere Pflege des Fastnachtbrauchtums vor allem in katholischen Ländern und Regionen.

40 Tage vor Ostern beginnt diese Fastenzeit mit dem Aschermittwoch, der die Menschen durch das in den katholischen Kirchen ausgeteilte Aschekreuz besonders sinnfällig an ihre Sterblichkeit erinnert. In den Tagen davor gipfelt das karnevalistische Treiben am Rosenmontag und Fastnachtsdienstag. Der Begriff des Karneval kennt, wie heute viele wissen, mehrere Deutungen: Es könnte vom lateinischen „carnelevale" (Fleischwegnahme) oder „carne vale" (Fleisch, lebe wohl!) herstammen und damit signalisieren, dass nach Karneval die Fastenzeit beginnt. Auch die Herleitung von „carrus navalis" (Schiffskarren) hat etwas für sich. Dann nämlich könnte Karneval zu tun haben mit alten Frühlingsfesten und Umzügen zur Wiederaufnahme der Schifffahrt. In der Tat haben viele Karnevalswagen ja auch die Form eines Schiffes.

Die Karnevalssession oder Karnevalskampagne ist heute, wie andere Zeiten des Jahres auch, längst über die Maßen ausgedehnt. Am 11. 11. um 11 Uhr 11 wird die Zeit der Narretei mit Schunkeln und Singen eingeläutet, was nicht einfach nur mit der Schnapszahl zuammenhängt. Der 11. November

Die gleiche Prozedur wie in jedem Jahr: Die Verhandlungen vor dem „Tennengericht", bei denen es betont locker zugeht, enden stets mit dem Freispruch unter humorigen Auflagen. Neben Ingrid Steeger sind im blauen Kiepenkerlkittel auch die lokalen „Angeklagten", die Bundestagsabgeordneten Ruprecht Polenz (CDU, links) und Christoph Strässer (SPD) zu erkennen.

Zu den ersten Karnevalsumzügen im Münsterland gehört der Zug in Ottmarsbocholt. „Ottibotti" hat bereits Kult-Status erreicht und geizt auch nicht mit lokalpolitischen Themenwagen.

ist nämlich der Martinstag und als Schwellentag vor der früher längeren Adventszeit, die wie eine Fastenzeit angelegt war, somit auch ein Tag ausgelassenen Feierns, Essens und Trinkens. Dies ist also auch der Tag, an dem die karnevalistischen Gewänder, Attribute und Symbole wieder der Öffentlichkeit präsentiert werden. Bei der Fastnachtskumpanei „Die Wiedertäufer am Buddenturm" in Münster ist dies etwa der „Morio", eine Puppe, die alljährlich in den Sümpfen bei Kinderhaus gesucht und gefunden wird. In einem feierlichen Zeremoniell übernimmt der König der Wiedertäufer den Morio auf dem Prinzipalmarkt. Dort endet das Leben der Puppe auch am Fastnachtsdienstag. Dann wird sie für alle Pannen und Versäumnisse der abgelaufenen Session verantwortlich gemacht und verbrannt. Ähnlich ergeht es etwa dem Maskottchen des „Coerder Carnevals Club", einer metergroßen Stoffmücke, die zum 11. November aus den Rieselfeldern hereinschwebt und zum Ende der Session ebenfalls dem Feuer übergeben wird.

Im November und Dezember beginnen die ersten karnevalistischen Sitzungen, bei denen neue Mitglieder aufgenommen oder Prominente geehrt werden. Die Karnevalsgesellschaft

„Böse Geister" in Münster etwa „tauft" die neuen Mitglieder oder Ehrenmitglieder mit etwas westfälischem Korn. Zu Ehrengeistern zählten in den 80er Jahren höchste politische Amtsträger bis hin zu Bundeskanzler Helmut Kohl. Die „Unwiesität Münster e. V." verleiht gerne akademische Jux-Titel. Auch bei den Orden, die nun mal zum Karneval gehören, ist man im Münsterland erfinderisch. Die Coerder verleihen halt den „Mückenstich", „Die Fidelen Bierkutscher" halten die „Goldene Peitsche" bereit, die „Narrenzunft vom Zwinger" in Münster präsentiert alljährlich neue Träger des „Knabbelordens" und verlangt ihnen ab, ein gut gefülltes Kümpken Knabbeln mit Milch und Cognac auszulöffeln.

Direkt um Weihnachten herum ruht der Karnevalsbetrieb im Münsterland, bis auf einige interne Sitzungen. Nach dem Dreikönigsfest beginnt dann die Zeit der großen Bälle und rauschenden Feste, bei denen nicht nur Karnevalsgesellschaften, sondern – vor allem in den dörflichen und ländlichen Gebieten – die Pfarrgemeinden und katholischen Verbände als Veranstalter hervortreten. Elferräte werden eingesetzt. Sie leiten die karnevalistischen Sitzungen, bei denen Büttenredner

Diese drei Damen sorgen am Straßenrand des Karnevalsumzuges von Ottmarsbocholt für hübsche Farbtupfer und gute Laune.

Wolbecks Hippenmajor Klaus II. Masiak und Jugend-Hippenmajor Daniel I. Schröder übernehmen 2007 in Wolbeck den Schlüssel und damit die karnevalistische Amtsgewalt. Wie es sich gehört, wird das Gefährt des jungen Hippenmajors von Ziegen gezogen.

Politik, Gesellschaft und lokale Prominenz aufs Korn nehmen. Die Altweiberfastnacht am Donnerstag vor Rosenmontag ruft die Herrschaft der Frauen aus, die sich im Getümmel mit gezückter Schere über Schuhbänder oder Schlipse der Männer hermachen. Wobei das Rheinland zur Weiberfastnacht sichtlich mehr an überschäumender Fröhlichkeit zu bieten hat als das etwas schwerfällige Westfalen. Am Sonntag vor Rosenmontag übernehmen in Sendenhorst, Nottuln oder Münster die Karnevalsprinzen das Ruder. Sie erstürmen mit ihrem Gefolge die Rathäuser. Nach einigem Hin und Her rücken die Bürgermeister den überdimensionalen Stadtschlüssel heraus, woraufhin die Prinzen ihr närrisches Bulletin für die drei tollen Tage verkünden.

Im Münsterland hat das Oberzentrum Münster mit stets rund 100.000 Zuschauern und rund 120 Programmnummern den größten Karnevalsumzug am Rosenmontag zu bieten. Narren aus den Niederlanden steuern mit einigen bunten Fantasie-Gefährten einiges zur Länge des Zuges bei. Doch gab es in der jüngeren Vergangenheit zunehmend Kritik an weitgehend fantasielosen Wagen, die Jahr für Jahr gleich aussehen. So auffällig der Mangel an wirklich guten politischen Motivwagen, so groß ist auch jedes Jahr erneut das Entsetzen über Heerscharen betrunkener Teenies, die grölend den vibrierenden Lautsprechern der Karnevalswagen hinterherwanken. Wie auch in anderen gesellschaftlichen Bereichen nimmt die Bereitschaft ab, in Karnevalsvereinen ehrenamtlich mitzutun. Angesichts starker und medienträchtiger Konkurrenz zwischen Mainz, Aachen („Orden wider den tierischen Ernst"), Köln und Düsseldorf ist Münster für die gesellschaftliche und politische Prominenz zudem nur noch eine Mittelmaßadresse. Eine Mitgliederauffrischung könnte der münsterländischen Karnevalskultur sicher nützen. Beim Tanzsport allerdings braucht man sich nicht über mangelndes Niveau zu beklagen, zumal etliche Tanzkorps aus dem Münsterland und Westfalen, zum Beispiel das „Tanzkorps Rote Husaren" aus Neuenkirchen bei Rheine, beim Showtanzen zur deutschen Spitzenklasse zählen.

Das Leben und die Geschichte verlaufen stets in Auf- und Abschwüngen. So ist das Lamentieren über Unsitten und Ausschweifungen genauso alt wie der Karneval. Ein kurzer Blick in die Geschichte verdeutlicht dies, wobei wir nicht bis in mittelalterliche Frühlingsfeste oder antike Mysterienkulte der römischen und griechischen Welt eintauchen wollen, wo ebenfalls Wurzeln für heutiges Brauchtum zu finden sind. Prägend

Links: Auf dem Prinzipalmarkt in Münster setzt Prinz Tommy I. Straßburg zum Sturm auf das Rathaus an. Oberbürgermeister Dr. Berthold Tillmann (r.) nimmt's gelassen.

Auf dem Balkon des Stadtweinhauses ist Münsters Karnevalsprinz Tommy I. am Ziel und präsentiert den Stadtschlüssel. Die beiden prächtigen Clowns mit den Tambourins sehen mit Wohlgefallen, wie die „fünfte Jahreszeit" ihrem absoluten Höhepunkt entgegeneilt. Auch in Ahlen muss die Staatsgewalt kapitulieren. Bürgermeister Benedikt Ruhmöller hat den Stadtschlüssel lachend an Prinz André I. Rings übergeben.

für die heutige Form der Karnevalsfeiern in Deutschland wurden um 1820/30 der alemannische Raum und vor allem das Rheinland, wo der Karneval auch als Gegenbewegung zu den politischen Herrschaftsverhältnissen, ob durch Franzosen oder Preußen geprägt, verstanden wurde. In Köln entstanden die ersten Karnevalsgesellschaften, und Münster zog allmählich nach. Eine der ältesten Karnevalsgesellschaften der Westfalenmetropole ist die „KG Freudenthal" von 1833, wobei sich schon Ende des 18. Jahrhunderts Bürger der gehobenen Stände zusammentaten, um den Karneval nach münsterscher Art wieder mehr zur Geltung zu bringen. Nach der eher vernunftbetonten und kargen Zeit der neuzeitlichen Aufklärung ein verständliches Unterfangen. Allegorische Andeutungen, Anspielungen auf Dichtung und Oper und geistreiche Sticheleien, die sich auch gegen die Obrigkeit richteten, wurden nach Auskunft der Volkskundlichen Kommission für Westfalen damals in Münster wichtige Elemente des Karnevals. Der erste Karnevalsumzug fand in Münster übrigens 1896 statt. Zu dieser Zeit gab es dann auch schon den Begriff „Rosenmontag". Zuvor hieß dieser Tag „Fastnachtmontag", „Masken-Zug" oder „Blau-Montag". An diesem Tag nämlich ließen die Handwerker ihre Arbeit ruhen und machten „blau". Dabei blieben sie natür-

Beim bunten Treiben in Wolbeck dominieren die blauen und gelben Farben der Tänzerinnen der Karnevalsgesellschaft ZiBoMo (Ziegenbocksmontag).

lich nicht lange nüchtern. Die Folgen des feuchten Feierns bescherten dem folgenden „Veilchendienstag" wohl seinen Namen. Denn es gab an jenem Tag viele Leute, die man vielleicht auch aufgrund der Trinkernase als „blau wie ein Veilchen" bezeichnete. Mit „Rosen" hat der Rosenmontag nur insofern zu tun, als dass viele Karnevalswagen von Rosen geschmückt oder diese in die Menge geworfen werden. Der Begriff leitet sich vermutlich vom niederrheinischen „rhosen" ab, das soviel wie „rasen" oder „tollen" bedeutet. Das passt zu diesem Tag, und frühere Bräuche hatten es in sich.

Unter großem Spektakel zum Beispiel machten im 18. Jahrhundert am Rosenmontag im Sauerland die Mädchen Jagd auf die Jungen, um ihnen die Schuhe und Socken auszuziehen und ihnen in die Zehen zu beißen. Auch das Begießen mit dem Wassereimer zählte zum tollen Treiben. Im Nordwesten des Münsterlandes waren nach Auskunft der Volkskundler Nachbarschafts- und Straßenfeste üblich. Die Verbindung von Fastnacht und Nachbarschaftsfeiern war dabei offenbar so eng, dass man die Nachbarschaften auch als „Fastnachte" bezeichnete. Schon früh versuchte die Obrigkeit, mit entsprechenden Erlassen die Feiern einzuschränken. So verbot der Bischof von Münster 1571 „Schwertdentzer und Mummerei". Er sah in den Feiern unnötige Ausschweifungen, die es zu unterbinden galt. Schwerttänze waren im Westen des Münsterlandes ein weit verbreitetes Tanzspiel der Dorfburschen, das sich mancherorts bis ins 20. Jahrhundert hielt.

Die Preußen wollten in der ersten Hälfte des 19. Jahrhunderts in Westfalen die Heischegänge junger Männer, das so genannte „Wurstaufholen", untersagen oder auch ausgelassene Zechereien und Tanzvergnügen bis weit über die Polizeistunde hinaus verbieten. Auch die Beerdigungszeremonie, bei der die Jecken zu Beginn der Fastenzeit die Fastnacht in Gestalt einer Strohpuppe zu Grabe trugen, kam bei der Obrigkeit schlecht an. „Das lag in erster Linie daran, dass die preußischen Beamten meist protestantisch waren. Denn die evangelische Kirche hat schon kurz nach der Reformation die ihrer Meinung nach unmäßigen und ausufernden Feiern an Karneval recht erfolgreich verboten. Die katholische Kirche wollte nicht so rigoros sein und den Menschen vor der kargen Zeit des Fastens noch etwas Lebensfreude und Genuss gönnen. Deshalb ging sie nur halbherzig gegen die schlimmsten Auswüchse vor", erklärt Dr. Peter Höher, Volkskundler beim Landschaftsverband Westfalen-Lippe.

Warum nicht mal als „Giraffe" gehen? Wenn die Motiv-Wagen und der Prinz Karneval den Prinzipalmarkt erreichen, kennt die Begeisterung kaum noch Grenzen. Besondere Farbtupfer liefern die Narren aus dem niederländischen Losser. Wenn die Motive ihrer Wagen auch nicht ganz klar sind, so sind die Gefährte doch wenigstens bunt.

Der allgemeinen Ausschweifung mit Essen, Trinken und natürlich sexueller Hemmungslosigkeit beim Karneval folgte natürlich auch die kirchliche Gegenbewegung, wie der Journalist Norbert Göckener aus Münster schreibt. „Die so genannten Fastnachtstage waren seit langen Zeiten an vielen Orten Saufgelage erster Klasse. Wer würde es geglaubt haben, wenn man vor 20 Jahren jemandem gesagt hätte: Diese Tage werden bald die ersten Bettage werden", notierte 1854 der Pfarrer der Gemeinde St. Peter und Paul in Nienborg (heute Heek, Kreis Borken) in sein Dienstjournal. Das Bistum Münster nutzte hier das schon seit dem 16. Jahrhundert bekannte Vierzigstündige Gebet als spirituelle Gegenoffensive. Im 19. Jahrhundert wurde es als eine Art Sühneandacht eingeführt. Endlich sei die Bereitschaft vorhanden, „den so fest eingewurzelten und verwachsenen Unfug, wie der tolle Fastnachtstrubel ist", aufzugeben, hieß es im „Sonntagsblatt für katholische Christen" 1855. Bauerschaften, Schulen und fromme Vereine wie die Sodalitäten wechselten sich ab in der Anbetung des „Allerheiligsten" in der Monstranz. „Die Beichtstühle waren bis tief in die Nacht umlagert, und einen eigenthümlichen Eindruck gewährte es, jetzt heilige Lieder und laute Gebete ... auf den Straßen erschallen zu hören, wo früher ganz andere Gesänge

Linke Seite: Auch in Sendenhorst rollt der närrische Lindwurm der Freude am Rosenmontag durch die Straßen und Gassen. In Greven beglücken Prinz Heiner und Pünte Uta das Volk mit süßen Gaben.

Rechte Seite: Gut beschirmt lassen sich die Kamellen auf dem Prinzipalmarkt in Münster ganz ohne Zweifel besser einfangen. Klaus Beckenhusen, der farbenfroh gekleidete „Hofnarr" der Fastnachtskumpanei „Die Wiedertäufer", verteilt die Bonbons auch schon mal persönlich. Spielmannszüge und Blaskapellen lockern die Abfolge der über hundert Fußgruppen und Wagen auf.

Der große und der kleine Clown gehen in Nottuln zum „Zug". Im Hintergrund ist die Nottulner Kirche St. Martinus zu sehen.

ertönten", so steht es in einem Bericht aus dem westmünsterländischen Rhede. Allmählich wurde also Mitte des 19. Jahrhunderts die Fastnacht „gezähmt" und in die Häuser verlegt. Auch das ging vielfach von der Kirche aus: Denn der Kirche nahe stehende Vereine wie Jünglings-, Mütter- und Gesellenvereine, Schützenbruderschaften und Gesangvereine veranstalteten ebenso an den Karnevalstagen Bälle und Feste wie auch Krieger- und Turnvereine. Für ein organisiertes und kanalisiertes festliches Treiben war folglich gesorgt. Gerade in den ländlichen Gegenden des Münsterlandes ist es bis heute so, dass der Karneval durch die kirchlichen Verbände und Vereine mitgetragen wird. Dazu passend hat sich in der Gegenwart längst das seelsorgliche und psychologische Gespür entwickelt, dass der Mensch die Zeiten der Fröhlichkeit und Ausgelassenheit ebenso benötigt wie Zeiten der Stille und Besinnung. Wer nicht richtig feiern kann, der kann im Grunde auch nicht richtig beten, weil bestimmte emotionale Seiten der Seele nicht in Schwingung geraten.

Die Zähmung des Karnevals ging freilich im 19. Jahrhundert nicht überall reibungslos vonstatten. Manche Narren und die um ihre Einkünfte verlegenen Gastwirte verlegten die Fastnacht vor, so dass noch heute in einigen Orten des Münsterlandes der Karneval früher gefeiert wird – wie etwa der große Ziegenbocksmontag-Umzug im münsterschen Stadtteil Wolbeck eine Woche vor dem Rosenmontag. Aber auch in Gescher, Havixbeck, Sprakel oder in „Ottibotti" (Ottmarsbocholt) findet der Hauptumzug früher statt. Dies hat freilich wohl auch damit zu tun, dass die ganz großen Umzüge in Münster oder Bocholt, aber auch entlang der Rheinschiene ebenfalls viel Anziehungskraft entwickeln. Mit der zeitlichen Vorverlagerung können die kleineren Städte und Gemeinden ihr fröhliches Publikum trotz großer Konkurrenz aus der Nachbarschaft binden. Manche Vereine haben auch bei den diversen Umzügen in der Region mehrere Termine abzuwickeln. Wie man sieht: Im Münsterland ist ganz schön was los, auch wenn das bunte Treiben doch stets dem Wandel der Zeiten unterliegt. Auch Wetterkapriolen oder politische Krisen hatten in den vergangenen Jahren ihren Einfluss. 1991 wurden wegen des Irakkriegs Karnevalsumzüge abgesagt. Ein Jahr zuvor, im Februar 1990, beeinträchtigte ein Orkan das närrische Treiben.

Dreimal im Jahr, in Frühling, Sommer und Herbst, sorgt der Send auf dem Hindenburgplatz in Münster für feucht-fröhliche Unterbrechungen des städtischen Alltagsbetriebs. Ein besonderer Anziehungspunkt ist jeweils das Feuerwerk am Schloss. Aber auch die Fahrgeschäfte, besonders die Riesenräder, bieten ein „Feuerwerk" aus Licht und Farben.

Dem Frühling und dem Leben entgegen

Schon im späten Winter treiben die ersten Knospen und Blüten und künden den Frühling an. Renate Schniedermann aus Münster-Sudmühle freut sich über diese zartrosa „Schneebälle".

Im christlichen Festkalender geht die österliche Fastenzeit dem Osterfest voran, das durch das Konzil von Nizäa im Jahre 325 auf den ersten Sonntag nach dem Frühlingsvollmond festgesetzt wurde. Ostern ist also ein beweglicher Festtermin, der zwischen dem 21. März und dem 26. April stattfinden kann. Die so genannte Fastenzeit ist daher ebenfalls beweglich. Sie dauert 40 Tage (daher auch die lateinische Bezeichnung „Quadragesima"), in Anlehnung an das Fasten Jesu in der Wüste (Matthäus 4,2). Die Sonntage wurden auf einer Synode von Benevent 1091 von der Fastenzeit ausgenommen, so dass die Fastenzeit, heute auch österliche Bußzeit genannt, mit dem Mittwoch nach dem 7. Sonntag vor Ostern, dem Aschermittwoch, beginnt.

Es mag mit der zunehmenden „Weihnachtsreligiösität" unserer Tage zu tun haben, dass die Fastenzeit und Osterzeit heute bei weitem nicht jene religiöse Anziehungskraft aufweisen wie in früheren Jahrhunderten, als sich ein reichhaltig aufgefächertes Brauchtum um das höchste Fest der Christenheit rankte. Vielen Menschen ist der Glaube an einen leidenden und sterbenden Gottessohn und vor allem seine Auferstehung nicht mehr plausibel. Dabei steht und fällt der christliche Glaube, wie der Apostel Paulus im ersten Korintherbrief schreibt, mit der Auferstehung (1 Korinther 15,12ff.): „Wenn nun von Christus verkündet wird, dass er auferweckt wurde von den Toten, wie behaupten da einige von euch, es gebe keine Auferstehung der Toten? Wenn es keine Auferstehung der Toten gibt, dann ist auch Christus nicht auferweckt worden. Ist aber Christus nicht auferweckt worden, dann ist unsere Predigt sinnlos, sinnlos auch euer Glaube." Wenige Zeilen später schärft Paulus den Korinthern ein: „Nun aber ist Christus auferweckt worden von den Toten, als Erstling der Entschlafenen." Und wieder einige Zeilen weiter spricht er die Sinnlosigkeit eines Glaubens ohne Auferstehungsglauben noch einmal an: „Wenn Tote nicht auferweckt werden, so lasst uns essen und trinken, denn morgen sind wir tot."

Spricht Weihnachten bei vielen Menschen, die dem Glauben und dem kirchlichen Leben fern stehen, zumindest noch das kindliche Gemüt und eine diffuse Gemütlichkeitswelt an, so bleibt Ostern für viele Zeitgnossen heute rätselhaft. Kein Wunder, dass auch im Münsterland viele Menschen Ostern als ein mehr oder minder unverbindliches Frühlingsfest ansehen, an dem man ein paar bunte Blumen in die Vase stellt, den Kindern Schokoladeneier schenkt oder im Zweifelsfall einen verspäteten Ski-Urlaub in den Bergen zum Ausklang des Winters einplant. Manche halten es auch im Zuge allgemeiner Patchwork-Religiosität für angenehmer, einer Art Wellness-Religion zu huldigen, ein wenig östliche Spiritualität einzusaugen und im Zweifelsfall über den ewigen Kreislauf der Natur oder die Wiedergeburt zu philosophieren. Eine im Grunde beängstigende Vorstellung, die eigene Einzigartigkeit zu verlieren und sich wieder in einem neuen Körper abmühen zu müssen, ohne Hoffnung auf Erlösung und Vollendung. In den Kirchengemeinden, bei Theologen und besonders Liturgiewissenschaftlern ist seit einigen Jahren ein neues und auch fruchtbares Bemühen erkennbar, die Karwoche, die auch Heilige Woche oder Große Woche genannt wird, in ihrem liturgischen Reichtum neu zu entdecken und sie als die wichtigste Woche des Kirchenjahres neu im Bewusstsein der Gläubigen zu verankern.

Mit dem Aschermittwoch beginnt 40 Tage vor Ostern die Fastenzeit, heute österliche Bußzeit genannt – und damit der Osterfestkreis. Die katholischen Christen lassen sich in einem Gottesdienst mit Asche ein Kreuz auf die Stirn zeichnen – ein Symbol für die Vergänglichkeit allen Lebens: Dazu spricht der Priester den Satz: „Bedenke, Mensch, dass Du Staub bist und wieder zum Staube zurückkehrst." Alternativ dazu wird auch der Satz formuliert: „Bekehrt Euch und glaubt an das Evangelium!" Asche war als Symbol für Vergänglichkeit und Bußgesinnung im gesamten alten Orient bekannt, natürlich auch in Israel. In Staub und Asche zu sitzen oder sich Asche aufs Haupt zu streuen, galt als ein Zeichen der öffentlichen Buße.

Der Empfang des Aschekreuzes ist schon seit dem 10. Jahrhundert bezeugt. Die Asche wird heute übrigens zumeist aus getrockneten und verbrannten Buchsbaumzweigen des Palmsonntags hergestellt. Neben dem Karfreitag ist der Aschermittwoch der einzige vorgeschriebene strenge Fasttag in der katholischen Kirche. An diesen beiden Tagen soll sich der erwachsene, gesunde Gläubige gemäß der kirchlichen Bußpraxis nur einmal satt essen und auf Fleischspeisen verzichten.

Das Fasten selber ist in unserer Zeit, die sich der „Entschlackung" und der körperbetonten „Wellness" verpflichtet fühlt, wieder ganz groß in Mode gekommen. Die katholische wie evangelische Kirche weisen mit besonderen Aktionen darauf hin, dass Fasten eben ganz viel mehr ist als nur ein „Abspe-

„Memento homo quia pulvis es et in pulverem reverteris."

„Bedenke, Mensch, dass Du Staub bist und wieder zum Staube zurückkehrst."

Eine schöne Tradition bilden die „Geistlichen Abende zur Fastenzeit" im Dom zu Münster. Bekannte Künstler und Schauspieler tragen hier gehaltvolle Texte vor. Domkapitular Martin Hülskamp begrüßt den bekannten Film- und Fernsehschauspieler Michael Mendl (r.).

cken". Der Verein „Andere Zeiten" in Hamburg, gegründet innerhalb der Pastoralarbeit der Evangelischen Kirche, bietet besondere Kalender mit Texten für die Fastenzeit an, um auch die geistliche Tiefe der Menschen anzusprechen. Es geht vor allem darum, den Blick für das Wesentliche zu schärfen, frei zu werden von Süchten und Abhängigkeiten. Viele Christen beginnen am Aschermittwoch zeichenhaft und ganz bewusst ihre „Fastenzeit" als Vorbereitung auf Ostern als Fest der Auferstehung und Triumph des Lebens über den Tod. So nehmen sie sich in freier Entscheidung vor, von Aschermittwoch bis Ostern ganz auf Alkohol oder Süßigkeiten zu verzichten, sie stellen das Rauchen ein oder fasten. In den Bildungsstätten des Münsterlandes wird zudem seit Jahren das Heilfasten mit geistlicher Begleitung angeboten. Wer fastet, durchlebt auch psychische Krisen und wird zuweilen mit besonderer Wucht auf die wunden Punkte seiner Existenz und seines Lebens gestoßen, die es mit geistlicher Hilfe aufzuarbeiten gilt. Beispielhaft für einen neuen, geistigen und geistlichen Weg des Fastens sind die „Geistlichen Abend zur Fastenzeit im Dom zu Münster". Bekannte Theologen und Schauspieler tragen thematische Texte vor, gepaart mit Orgelmusik und Chorgesang entstehen atmosphärisch dichte Abende, die bis zu tausend Zuhörer in die Bischofskirche nach Münster locken.

Zu den jahrhundertealten Bräuchen der Fastenzeit gehört es, die Hauptaltäre der Kirchen von Aschermittwoch bis in die Karwoche hinein mit einem Leinentuch zu verhüllen. Eines der bedeutendsten Relikte dieses Brauches ist das Telgter Hungertuch. Es ist das größte und bedeutendste Ausstellungsstück des Heimathauses Münsterland in Telgte. Es entstand 1623 als

Stiftung des Burgmannes Henrich Vos und seiner Ehefrau Ca-
tarina Droste für die neben dem heutigen Museum gelegene
Pfarrkirche St. Clemens. Bei einer Gesamtgröße von gut sieben mal vier Metern enthält es 33 quadratische Bildfelder und
ebenso viele schlichte Leinenfelder, die wie auf einem Schach-
brett angeordnet sind. Die Zahl 33 verweist möglicherweise auf das Lebensalter Jesu zu Zeitpunkt seines Todes. Diese
Hungertücher – auch Fastentücher (velum quadragesimale)
genannt – spielten in der Fastenliturgie der katholischen Kirche schon immer eine besondere Rolle.

Nach Auskunft des Museums in Telgte gab es schon um
1000 n. Chr. Vorschriften, nach denen die Altäre in der Fastenzeit durch ein Leinentuch verhüllt werden mussten. Noch heute ist die Redensart „Am Hungertuche nagen" (eigentlich nae-
jen = nähen) bekannt. Diese wird verwendet, wenn man über
jemanden sagen will, dass er in seiner materiellen Existenz bedroht ist. Ein Wappen und ein Monogramm auf der untersten
Bildreihe des Telgter Hungertuches verraten, dass das in Filet-

Chöre und Kantoreien umrahmen die österliche Bußzeit bis Ostern mit der Aufführung der klassischen Passionsmusik. Die „Kantorei an der Apostelkirche" in Münster und das „Orchester con variazione" präsentieren hier die Johannes-Passion von Johann Sebastian Bach.

stickerei angefertigte Tuch von frommen Leuten gestiftet wurde. Im 16. und 17. Jahrhundert wurde das Sticken in weiten bürgerlichen Gesellschaftschichten sehr populär; besonders in Westfalen, wo sich in den Zeiten der Gegenreformation viele Frauen in ihren Nadelarbeiten wieder biblischen Bildthemen zuwandten. Bei der so genannten Filettechnik werden auf handgeknüpften Netzen die vorgegebenen Quadrate so dicht in Webstichart aufgefüllt, dass dabei ein Muster entsteht. Jedes der 33 Bildfelder des Telgter Hungertuches weist fast 25.000 handgeknüpfte Löcher auf, so dass das gesamte Tuch etwa 824.000 Knoten zählt. Die Filettechnik ist für Hungertücher, die vor den Altar gehängt werden, besonders geeignet, da die gestickten Figuren in dem fast durchsichtigen Leinentuch fast zu schweben scheinen.

Wenn die Zierkirschen blühen, ist der Frühling da. Doch die Blütenpracht hält leider nur ein paar Tage vor. Ein kleiner Regenschauer im April macht sie wieder zunichte.

„Misereor"

Seit 1958 besteht in Aachen mit der Aktion Misereor ein kirchliches Hilfswerk, dass sich bereits in etwa 90.000 Projekten in Ländern Asiens, Afrikas, Lateinamerikas und Ozeaniens für Menschen engagiert hat. Mit der alljährlichen Fastenaktion trägt Misereor die Probleme der Armen in die katholischen Pfarrgemeinden und die breite Öffentlichkeit und formuliert das Anliegen so: „Alle sind eingeladen, die sechs Wochen zwischen Aschermittwoch und Ostern zu nutzen. Misereor bietet vielfältige Wege an, den Menschen in ihrer Armut näher zu kommen und ihre Lebenswelt kennen zu lernen. Die Auseinandersetzung mit Armut und Ungerechtigkeit ist auch eine Anfrage an den eigenen Lebensstil. Darin liegt die Chance des Fastens: Neue Blickwinkel auf das eigene Leben zu gewinnen, sein Herz zu öffnen für die Not anderer Menschen und die eigene Bereitschaft zur Solidarität neu zu wecken. In der Kollekte am Sonntag vor Ostern wird in allen katholischen Kirchen Deutschlands für die Misereor-Arbeit gesammelt."

Als sichtbares Zeichen greift Misereor die Tradition des Hungertuchs oder Fastentuchs auf, das während der Fastenzeit in den Kirchen an die Lebenssituation der Menschen in anderen Erdteilen erinnert und deren Sichtweise des christlichen Glaubens spiegelt. Im Jahr 2007 lud Misereor dazu ein, sich auf die „Bergpredigt" Jesu einzulassen. Durch die künstlerische Gestaltung dieser ersten Predigt Jesu beschenkte der chinesische Künstler Prof. Li Jinyuan die Betrachter mit wunderbaren Bildern, die davon erzählen, was es bedeutet, ein Jünger, eine Jüngerin Jesu zu sein.

Das Leitwort der jüngsten Fastenaktion lautete: „Entdecke, was zählt …“. Dabei ging es also darum, sich auf das Wesentliche im Leben zu besinnen und das Grundthema der jüngsten Misereor-Aktion, das Menschenrecht auf Bildung, aufzugreifen. In vielen Kirchen des Münsterlandes leuchtete dieses eindrucksvolle Hungertuch und erfüllte den Raum mit Licht. Kraftvolles Gelb und Orange, warmes Ocker und Rot heben sich auf diesem Bild von ernstem Schwarz und Grau ab. Ein Kreuz aus Licht, das sich nach oben zum Himmel hin immer weiter öffnet, findet sein Zentrum in Christus, der auf einem Berg, umringt von zahllosen Menschen, steht und predigt.

Der Sonntag vor Palmsonntag wurde früher Passionssonntag genannt. Es war der Tag, an dem die Kreuze in den Kirchen mit violetten Tüchern verhüllt wurden. Als das Künstlerpaar Christo und Jeanne-Claude 1995 den Reichstag zu Berlin verhüllte, um ihn damit aufzuwerten und das Empfinden für dieses Gebäude neu zu stärken, erinnerten sich manche an die Kreuzverhüllung der Passionszeit. Etwas, das man immer sieht, wird dadurch neu ins Bewusstsein gehoben, indem man es für eine bestimmte Zeit verhüllt. In der Karfreitagsliturgie wird das Kreuz dann wieder enthüllt.

Palmsonntag

Mit dem Palmsonntag beginnt für die Christen die wichtigste Woche im Jahreskreis, die so genannte Karwoche, auch Heilige Woche oder Große Woche genannt. „Kar“ lässt sich ab-

leiten von einem mittelalterlichen Wort, das so viel wie Trauer, Sorge oder Wehklage bedeutet. Im englischen Wort „Care" ist das Wort noch enthalten. Kartage im engeren Sinne sind Gründonnerstag, Karfreitag und Karsamstag, wobei manche den Karsamstag heute schon wieder als Ostersamstag bezeichnen. An diesem Tag, der früher eigentlich als Tag der Grabesruhe begangen wurde, geht das Getriebe in unserer kommerziellen Welt mittlerweile schon munter weiter, sogar die Fußballbundesliga spielt an diesem Tag.

Am Palmsonntag wird der festliche Einzug Jesu in Jerusalem gefeiert, von dem die Evangelien berichten. Die Menschen begrüßen Jesus, der als Zeichen der Demut auf einem Esel reitet, mit Hosianna-Rufen und winken ihm mit Palmzweigen zu. In den Gottesdiensten wird, wie auch am Karfreitag, zumeist mit verteilten Rollen (Erzähler, Jesus, Volk und andere Personen) die Passionsgeschichte vorgelesen. Sie bildet den Hintergrund für Palmweihe und Palmprozession. Die Gemeinde versammelt sich an einem Ort außerhalb der Kirche, die das Ziel der Prozession ist. Die Domgemeinde in Münster zum Beispiel trifft sich in der Petrikirche, wobei Bischöfe, Mitglieder des Domkapitels und auch die Gläubigen in der Regel richtige Palmzweige in den Händen tragen und mit diesen in einer Prozession zum Dom ziehen. Ansonsten hat sich im Münsterland und auch in vielen anderen Regionen Westfalens der Brauch durchgesetzt, Buchsbaumsträuße als Palmzweige zu benutzen. Schon bei den Römern waren Buchsbaum- und Weidenzweige als heilkräftig bekannt und wurden vor allem an

Osterglocken künden vom höchsten Fest der Christenheit. 2007 blühten sie im Rahmen des Blumenschmuckwettbewerbs „Entente Florale" an Münsters Promenade besonders üppig und schön.

Badeorten angepflanzt. Das Basteln der so genannten Palmstöcke hat sich in vielen Gemeinden und Kindergärten in den Tagen vor Palmsonntag als Tradition durchgesetzt. Noch vor etwa 100 Jahren wurden neben Schleifen auch Heiligenbilder oder Gebildbrote, Nüsse, Äpfel und auch Bonbons am Palmstock befestigt.

Wie die Volkskundler des Landschaftsverbandes Westfalen-Lippe berichten, war es um 1900 herum in den meisten Orten des Münsterlandes üblich, dass nur die Kinder die Palmen zur Palmweihe tragen durften. Aber auch an die kinderlosen Familien wurde gedacht: Die Kinder aus der Nachbarschaft brachten ihnen einige Zweige aus ihren Palmbüschen. Dafür erhielten sie als Dankeschön ein kleines Geschenk. In Sendenhorst etwa legten die Kinder ihre Palmstöcke vor das Kreuz in der Kirche, wo sie geweiht wurden. Nach dem Hochamt wurden die geweihten Palmstöcke vor den Türen der Kirche verteilt. Alle Erwachsenen versuchten einen der begehrten Stöcke zu erlangen. Diejenigen, die keinen Palmstock mit nach Hause brachten, erhielten nämlich angeblich zu Ostern keine Eier. „Mancherorts verband sich mit dem Palmsonntag auch ein Heischebrauch. Die Kinder gingen von Haus zu Haus und sangen ein Heischelied, das speziell auf den Palmsonntag gemünzt war. Dafür bekamen sie Nahrungsmittel, die sie an ihren Palmstöcken befestigten und am Ende des Umzuges aßen", berichtet die Volkskundlerin Christiane Cantauw aus Münster.

In der Familie des Autors wurden in den 60er und 70er Jahren zunächst Haselnusszweige im Garten abgeschnitten und fein säuberlich von der Rinde befreit. Spannend für die Kinder war es zum Beispiel, wenn sich die Spitze des Palmstocks gabelte und aus zwei oder drei Ästen bestand. Diese wurden dann mit Buchsbaum, den man sich von einem Nachbarn besorgte, begrünt. Krepppapier als Umwicklung für den Stock, als bunte Einfassung oder als zusätzlicher Farbschmuck für die Buchsbaumzweige sind bis heute in Mode. Buchsbaum ist ein immergrüner Gartenschmuck, der als Busch oder kleine Hecke die Gärten und Beete umschließt. Zum typischen Palmsonntagslied „Sion singe Jubelpsalmen, sieh, dein König naht heran, eil entgegen ihm mit Palmen, streu ihm Blumen auf die Bahn" (Gotteslob Nr. 920) zieht man bis zum heutigen Tag in einer Prozession um die Kirche herum oder zur Kirche hin, um Eucharistie zu feiern. Für die kleinen Kinder ist meistens nach der Palmweihe schon Schluss, stolz ziehen sie mit ihren

Palmstöcken nach Hause. In vielen Familien ist es weiterhin Brauch, ein paar der gesegneten Zweige hinter die Kreuze im Haus zu stecken. Wurden die Zweige früher, als Glaube und Aberglaube noch dicht beieinanderlagen, als Schutz gegen Gewitter, Sturm und Hagelschlag angesehen, so erinnern sie heute, wie es im Gotteslob steht, „an das von Christus erworbene neue Leben".

Gründonnerstag

„Die Feier des Todes und der Auferstehung des Herrn dauert drei volle Tage, vom Donnerstagabend bis zum Sonntagabend. Dieses österliche Triduum bildet den Höhepunkt des Kirchenjahres", so heißt es im katholischen Gesang- und Gebetbuch „Gotteslob".

Der Gründonnerstag leitet seinen Namen möglicherweise von dem mittelhochdeutschen Wort „greinen" (weinen) ab. Er würde sich dann auf die Wiedereingliederung der exkommunizierten Büßer beziehen, die als Weinende gesehen wurden. Möglicherweise kommt der Begriff aber auch wirklich von „Grün", weil, wie Eckhard Bieger betont, an diesem Tage grüne Messgewänder getragen wurden. Eine andere Erklärung leitet das Grün von der Tradition ab, an diesem Tag grünes Gemüse und Kräuter zu essen. Auch im Bistum Münster findet an diesem Tag im Dom in der Regel die „Messe zur Ölweihe" statt,

in der der Bischof die Öle weiht für Taufe, Firmung, Priester-
weihe, Krankensalbung und Altarweihe. Die Ölweihe kann
aber auch schon einige Tag vorher stattfinden. Für die Küs-
ter der Pfarrgemeinden jedenfalls ein wichtiger Termin, denn
sie müssen die Öle dann in Münster abholen. Zwar sind heute am Gründonnerstag längst Osterferien, doch wer nicht Urlaub hat, für den beginnen die drei wichtigsten Tage des Kirchenjahres doch recht unvermittelt, denn der Gründonnerstag
ist ein normaler Werktag.

Am Abend, in der Regel um 20 Uhr, versammelt sich die
Gemeinde mit allen Priestern und Diakonen und feiert zum
Gedächtnis des „Letzten Abendmahles" Eucharistie. Zum
Gloria erklingt noch einmal die Orgel mit allen Registern, und
die Glocken läuten festlich. Der frommen Legende nach flie-
gen die Glocken dann nach Rom und sind erst zum Gloria der
Osternacht wieder an Ort und Stelle, um im ganzen Umkreis
die Auferstehungsbotschaft zu verkünden. Der Volksmund im
Münsterland sagt auch: „De Klocken sin nao Rom fluogen, sie
wäd't stimmt" („Die Glocken sind nach Rom geflogen und
werden dort gestimmt").

Das Evangelium von der Fußwaschung aus dem Johannes-
Evangelium wird womöglich durch den Bischof oder die Priester in den Gemeinden durch eine symbolische Fußwaschung
an Vertretern der Gemeinde sinnfällig vertieft. Nach der Kommunion werden die Hostien im Ziborium (Speisekelch) in
eine Seitenkapelle übertragen. Die Gläubigen halten stille
Anbetung, und in vielen Gemeinden des Münsterlandes haben sich neue und sinnfällige Traditionen gebildet. So war es
in der Dyckburg-Kirche an der Peripherie Münsters eine Zeit
lang üblich, für Jugendliche eine Art Passah-Mahl anzubieten, bei dem ungesäuertes Brot und Kräuter gegessen wurden.
In St. Johannes Baptist Bösensell hat sich die junge Tradition
herauskristallisiert, die Kirche die ganze Nacht über offenzu-
halten. In der Turmkapelle steht der Kelch mit den geweihten
Hostien, vor dem stille Anbetung gehalten wird. In der Kirche
selber sind verschiedene Lese, Schau- und Hörstationen aufgebaut, an denen man Geschichten lesen und hören oder still
für sich meditieren kann. Die Familien tragen sich zuvor in
eine Liste ein, damit immer wenigstens ein oder zwei Personen
Nachtwache halten können bis zum Anbruch des neuen Tages, des Karfreitages. Die Erfahrung zeigt übrigens, dass sich
immer die selben Familien an diesen außergewöhnlichen Bet-
stunden beteiligen.

Beim letzten Abendmahle,
die Nacht vor seinem Tod,
nahm Jesus in dem Saale
Gott dankend Wein und Brot.

„Nehmt", sprach er, „trinket, esset:
das ist mein Fleisch, mein Blut,
damit ihr nie vergesset,
was meine Liebe tut."

(Gotteslob Nr. 537, 1–2)

45

In der Warendorfer Kirche St. Josef ziehen die Messdienerinnen und Messdiener mit dem Vortragekreuz in die Kirche ein. Neben Kreuzweg-Andachten für Erwachsene und Kinder steht an diesem stillen Feiertag vor allem die Karfreitagsliturgie mit der Kreuzverehrung im Mittelpunkt der kirchlichen Feiern.

Karfreitag

Das ist einer der stillsten Tage des Jahres. Für die evangelischen Christen im Grunde der höchste Feiertag, weil die Reformatoren den Tod Jesu als Voraussetzung der Erlösung betont hatten. Dies feiern sie mit großer Andacht, mit Wortgottesdiensten, aber auch mit dem Abendmahl. In den vergangenen Jahren haben beide Kirchen aus ihren besonderen Traditionen gelernt, in ökumenischer Verbundenheit auch das Traditionsgut der anderen christlichen Konfession wertzuschätzen. Dies führte bei den Katholiken dazu, den Karfreitag ebenfalls als hohen Feiertag zu feiern und bei den Protestanten zu einer stärkeren Verknüpfung des Karfreitags mit der herausragenden Bedeutung des Osterfestes. Dies war nicht immer so. Noch in der ersten Hälfte des 20. Jahrhunderts gab es Berichte über Nachbarschaftsstreitigkeiten. Der Bericht eines Diakons aus Herne findet sich im Archiv für westfälische Volkskunde, darin heißt es: „Es gab Ärgereien zwischen streitenden Nachbarn. Die Katholiken arbeiteten am Karfreitag etwa im Garten oder fuhren Dünger. Die Evangelischen arbeiteten in auffälliger Weise am Fronleichnamstage." Erst in den 1950er Jahren mit der gesetzlichen Einführung des Feiertages Karfreitag kehrte deutlich mehr Ruhe ein. Als stiller Feiertag ist der Karfreitag in allen Bundesländern besonders geschützt. Laute Lustbarkeiten oder Tanzveranstaltungen sind durch verschiedene Feiertagsgesetze verboten. Dennoch gab es in den vergangenen Jahren immer mal wieder Veranstalter, die das Verbot unterlaufen wollten. Das „Theater an der Kö", eine Boulevardbühne, führte 2006 am Karfreitag ein „Beziehungsstück" auf. Das Ordnungsamt der Stadt verhängte eine Geldstrafe von 450 Euro. Doch das Düsseldorfer Amtsgericht stellte das Verfahren gegen den Theaterchef ein. Die Frage wurde laut, ob das Feiertagsgesetz im Grunde schon überholt sei, zumal Gewaltfilme im Fernsehen ja auch nicht unter dieses Gesetz fielen. Dem allgemeinen kommerziellen Druck wird möglicherweise mittelfristig auch der höchste stille Feiertag geopfert. Weil die meisten Menschen unserer Zeit offenbar nicht mehr willens und in der Lage sind, ihren lärmenden Amüsierbetrieb auch nur für wenige Stunden zu unterbrechen.

Die liturgische Ordnung der Katholischen Kirche ist am Karfreitag insofern einzigartig, weil es an diesem Tag, an dem die Trauer über den Tod Jesu am Kreuz überwiegt, keine Eucharistiefeier im eigentlichen Sinne gibt, sondern einen Wortgottesdienst mit Kommunionausteilung.

Besonders ausdrucksstark ist diese Kreuzigungsgruppe, die der Künstler Bert Gerresheim aus Düsseldorf 2004 für die Nordseite des Paulus-Doms an der Domkammer schuf. Unter dem Kreuz stehen (v. l.) unter anderem die Clemensschwester Euthymia (1914–1955), die Mystikerin Anna Katharina Emmerick (1774–1824) und Clemens August Kardinal von Galen (1878–1946). Diese herausragenden Persönlichkeiten des Bistums Münster wurden 2001, 2004 und 2005 in Rom selig gesprochen.

Im Rahmen der katholischen Karfreitagsliturgie wird das Kreuz verehrt. Wie hier in der St.-Johannes-Kirche in Bösensell legen die Gläubigen Blumen unter das Kreuz, das im Altarraum enthüllt und ausgestellt wird.

O du hochheilig Kreuze,
daran mein Herr gehangen
in Schmerz und Todesbangen.

Allda mit Speer und Nägeln
die Glieder sind durchbrochen,
Händ, Füß und Seit durchstochen.

Du bist die sichre Leiter,
darauf man steigt zum Leben,
das Gott will ewig geben.

Du bist des Himmels Schlüssel,
du schließest auf das Leben,
das uns durch dich gegeben.

Zeig deine Kraft und Stärke,
beschütz uns all zusammen
durch deinen heilgen Namen,

damit wir, Gottes Kinder,
in Frieden mögen sterben
als seines Reiches Erben.

(Gotteslob Nr. 182, 1–2, 4, 8–10)

Diese „Feier vom Leiden und Sterben Christi" beginnt in der Regel um 15 Uhr, der angenommenen Todesstunde Jesu, und besteht in der Regel aus drei Teilen: Wortgottesdienst, Kreuzverehrung und Kommunionfeier. Im Zentrum des Wortgottesdienstes steht die Verlesung der Leidensgeschichte nach dem Evangelisten Johannes, zumeist mit verteilten Rollen. In manchen Kirchen werden auch, etwa durch die Messdiener, kleine Passionsspiele vorgetragen. Für die Messdiener ist der Karfreitag insofern von besonderer Bedeutung, als sie für die Liturgie und für die Kreuzenthüllung und Verehrung zuvor besonders üben müssen. Feierlich wird ein großes Kreuz, das zuvor mit einem violetten Tuch verhüllt war, enthüllt und dann an einem exponierten Platz der Kirche, vor dem Altar, ausgestellt. Sodann folgt die Kreuzverehrung, bei der Priester und Messdiener jeweils bei ihrem Gang durch die Kirche dreimal das Knie vor dem Kreuz beugen. Die Gläubigen ziehen hinterher und tun es ebenso. In manchen Kirchen ist es auch Brauch, dass die Gläubigen Blumen, so zum Beispiel Tulpen, am Kreuz niederlegen. In der Dyckburgkirche bei Münster war es in den vergangenen Jahren üblich, in Form einer griechischen Trauerschrittprozession mit entsprechender Musik zum Kreuz zu gehen.

Nach der kurzen Kommunionfeier ziehen Priester und Messdiener schweigend aus der Kirche aus. Rund um das Karfreitagsgeschehen hat sich über die Jahrhunderte eine große Gebetstradition entwickelt. Fast in allen Kirchen, aber auch in der freien Natur, erinnern Kreuzwegstationen an den Leidensweg Jesu. Ob in Coesfeld, Stromberg oder Haltern, fast in jeder größeren Stadt kann man meditierend den einzelnen Stationen folgen oder vor besonders kostbaren und alten Kreuzesdarstellungen im Gebet verharren.

Eine alte Tradition, die mittlerweile vielerorts jedoch schon wieder eingeschlafen ist, bilden die Karfreitagsprozessionen oder Kreuztrachten. Wer bei der Karfreitagsprozession das Kreuz trug, galt noch in den 1930er Jahren als jemand, der schwere Sünden abzubüßen hatte. Bei den heutigen „Kreuztrachten" steht eine solche demonstrative Buße nicht mehr im Vordergrund.

Acht westfälische Kirchengemeinden erinnern noch heute mit szenischen Karfreitagsprozessionen an den Tod Jesu und bereiten sich so auf Ostern vor: In Bad Driburg-Prömbsen, Brakel-Gehrden (beide Kreis Höxter), Delbrück (Kreis Paderborn), in Menden (Märkischer Kreis), Sundern-Stockum

(Hochsauerlandkreis), Rheda-Wiedenbrück (Kreis Güters-loh), Coesfeld und Hörstel-Bevergern (Kreis Steinfurt) kann man sich noch einen Eindruck davon verschaffen, welches Bild die Prozessionen früher geboten haben. Dabei wird das Kreuz nicht einfach nur getragen, sondern es geht häufig darum, den Kreuzweg Jesu sinnbildlich mit verkleideten Akteuren nach-zustellen.

Die Ursprünge der westfälischen Karfreitags-Kreuztracht liegen in den gegenreformatorischen Strömungen des frühen 17. Jahrhunderts. Zunächst führten die Jesuiten diese Form der Prozession in den Bischofsstädten Münster und Paderborn ein. In Münster fand die Kreuztracht nach Auskunft der Volks-kundlichen Kommission für Westfalen erstmals 1616 statt. Hier waren die Darsteller vielfach Schüler des Jesuitenkollegs, der anonym bleibende Christus wurde angeblich häufig von hohen Geistlichen oder Adeligen dargestellt, so heißt es in his-torischen Überlieferungen.

In den folgenden hundert Jahren führten die Jesuiten ähn-liche Prozessionen in Delbrück und Coesfeld ein, 1663 brach-ten die Franziskaner die Karfreitagsprozession mit dem kreuz-tragenden Christus nach Wiedenbrück, später folgten viele weitere Gemeinden. Im späten 18. Jahrhundert sind in min-destens 22 Gemeinden Westfalens Karfreitagsprozessionen belegt, die vermutlich alle mit einer Kreuztracht verbunden waren. Gegen Ende des 19. Jahrhunderts allerdings wurden die meisten Kreuztrachten wieder aufgegeben.

Überall im Münsterland, wie hier in Warendorf, werden an Karfreitag „Struwen" gegessen. Das sind kleine, in der Pfanne ge-backene Küchlein aus Hefeteig und Rosinen.

In Nottuln sind die Messdiener noch während der Kartage mit Ratschen und Klappern beim so genannten „Räppeln" unterwegs. In manchen Kirchen ersetzen die Holzratschen die Glocken oder die Schellen bei der Wandlung. Früher wurden beim „Räppeln" Hühnereier gesammelt, heute geht es meistens um das Heischen von Süßigkeiten.

Da die Glocken an den Kartagen schweigen, kamen früher auch Ratschen oder Rappeln zum Einsatz. Mit ihnen wurden die Gläubigen zur Kirche gerufen, auch ersetzten sie etwa am Gründonnerstag das Klingeln der Glöckchen zur Wandlung. In manchen ländlichen Gegenden des Münsterlandes hat sich das „Räppeln" oder Eiersammeln als Tradition erhalten. Der Autor erinnert sich, dass in der Dyckburg-Gemeinde bis in die 80er Jahre des vergangenen Jahrhunderts hinein die Messdiener mit ihren „Knarren" oder Rappeln von Tür zu Tür gingen, um Eier, Geld und Süßigkeiten zu sammeln. Meist auf Plattdeutsch wurde an den Türen der Spruch vorgetragen: „Wir sind die Messdiener von der Dyckburgkirche und wollen fragen, ob Sie nicht ein paar Ostereier für uns haben." Zwischen 700 und 800 Eier wurden mit mehreren Gruppen in Mariendorf und Sudmühle auf Bollerwagen gesammelt. Aus den „Knickeiern" briet Haushälterin Elisabeth Rottmann im Pfarrhaus Spiegeleier, die die hungrigen Messdienern mittags nach getaner Sammelarbeit verzehrten. Die übrigen Eier wurden meist am Karfreitagnachmittag nach der Karfreitagsliturgie zum Altenheim Maria Rast in Telgte gebracht, um den alten Leuten damit zu Ostern eine Freude zu bereiten. Ein Teil der Eier wurde gefärbt und am Ostersonntagnachmittag in „Pastors Wäldchen" an der Dyckburgkirche für die kleinen Kinder versteckt oder später am abendlichen Osterfeuer verteilt.

Da sich damals bundesweit Berichte über Salmonelleninfektionen häuften, wurde später davon Abstand genommen, Eier für Altenheime zu sammeln. In Nottuln aber sind zum Beispiel heute noch die Messdiener mit ihren Knatter-Instrumenten unterwegs, um vor allem Süßigkeiten zu sammeln. Auf der Kurbel-Ratsche sind Höcker angebracht, die die hölzernen Hämmer anheben und dann mit Schwung auf ein Resonanz-Brett knallen lassen. Hier und da waren früher auch „Speckbretter" mit einer Kugel am Band im Einsatz, die bei schneller Drehung knallende Geräusche erzeugten.

Genau wie der Aschermittwoch ist der Karfreitag in der katholischen Kirche einer der noch verbliebenen Fast- und Abstinenztage. Geboten ist es, sich nur einmal am Tag richtig satt zu essen. Eine noch heute verbreitete Fastenspeise am Karfreitag sind die „Struwen", ein Ölgebäck aus Mehl, Milch, Eiern und Rosinen. Andere Karfreitagsspeisen waren früher auch Milchreis, Stockfisch, eingelegter Hering, Biersuppe oder Krapfen, wobei Fisch zunächst nur in wohlhabenderen Kreisen vorkam. Teilweise verzichtete man auf zwei oder drei der täglichen fünf Mahlzeiten.

Karsamstag

Der stille Karsamstag ist der Tag der Grabesruhe und fast so etwas wie eine kleine Ruhepause zwischen der Feier des Todes Jesu am Kreuz und seiner siegreichen Auferstehung. Der Satz „Hinabgestiegen in das Reich des Todes" aus dem Credo der Christen umschreibt die Besonderheit dieses Tages. Der Begriff Karsamstag ist in unserer schnelllebigen und auf Betriebsamkeit geeichten Welt schon wieder fast in Vergessenheit geraten. In den Medien wird bereits vom Ostersamstag gesprochen, als sei dieser Tag schon ein Vorgeplänkel des Osterfestes. In den Geschäften und Sportstadien geht an diesem Tag nach dem ruhigen Karfreitag schon fast alles wieder seinen gewohnten alltäglichen Gang. Es scheint manchmal, als halte der Mensch die Stille nicht aus. Theologisch gesprochen kann man sagen, dass der Karsamstag früher zwei Tage voneinander trennte, die auch die Konfessionen sichtbar und fühlbar trennten. Feierten die Protestanten mehr den Tod Jesu am Kreuz als entscheidendes Erlösungswerk, so feierten die Katholiken und Orthodoxen vor allem die Auferstehung am ers-

Lydia (l.) und Barbara färben in Bösensell Ostereier. Damit sie schön glänzen, werden sie abschließend mit Speckschwarten eingerieben.

ten Tag der Woche, am Ostertag. Heute trennt der Karsamstag nicht mehr zwei fast gegensätzliche Deutungen des Osterge-schehens. Überwiegend sind sich alle Christen darin einig, dass Tod und Auferstehung Christi eine untrennbare Einheit bilden. Jesu Auferstehung ist ohne seinen Tod nicht vorstell-bar. Und sein Tod wäre ohne Auferstehung vollkommen sinn-los, wie der Apostel Paulus im Korintherbrief betont.

Wer bis zum Karsamstag noch keine Hühnereier für Os-tern gekocht und gefärbt hat, der tut dies am ruhigen Karsams-tag. Manche färben die Eier auch schon an den Tagen zuvor. An der Färberei hat sich über die vergangenen Jahre wenig ge-ändert. Die einen schwören auf Farbtabletten, die in heißem Wasser mit ein wenig Essig aufgelöst werden, die anderen be-vorzugen „kalte Farben" oder Fettstifte, mit denen die heißen Eier bemalt werden. Stets empfiehlt es sich, die gefärbten und trockenen Eier abschließend mit einer Speckschwarte einzu-fetten, damit sie schön glänzen. Grünende Äste für einen Os-terstrauch werden am Wald- oder Wegsrand abgeschnitten, in die Vase gestellt und mit ausgeblasenen und kunstvoll bemal-ten Eiern behängt. Jedes Jahr mit neuer Spannung und Freude erwarten auch die Christen im Münsterland den Beginn der Osternacht.

Ostern

Wann ist eigentlich Ostern? Nach einem längeren Meinungsstreit zwischen juden- und heidenchristlichen Gemeinden in der Antike über den Tag, an dem Ostern zu feiern sei, brachte das Konzil von Nizäa 325 die römische Praxis allgemein zur Anerkennung, nach der Ostern auf denjenigen Sonntag fällt, der dem Tag des ersten Frühlingsvollmonds (dem Passahfest der Juden) folgt. Die Angelegenheit klingt einleuchtend, ist jedoch durchaus kompliziert. Denn bei der Festlegung wurde ein mittlerer („zyklischer"), das heißt auf einer Kreisbahn mit gleichförmiger Geschwindigkeit umlaufender Mond (statt des wahren Mondes) zugrunde gelegt und als erster Frühlingstag der 21. März bestimmt. Mit dieser Regelung wurde ein Bruch mit der jüdischen Tradition vollzogen, nach der das Passah, und damit nach Auffassung der judenchristlichen Gemeinden auch das Osterfest, auf jeden Tag der Woche fallen konnte. Nach komplizierten Berechnungen über die Jahrhunderte, an denen sich auch der Mathematiker Carl Friedrich Gauß (1777–1855) beteiligte, ist der frühestmögliche Ostertermin der 22. März, der letztmögliche der

In der evangelischen Jakobus-Gemeinde in Münster wird Ostern gefeiert. Zum Zeichen des Sieges Christi über den Tod befestigen die Gläubigen Blumen an einem Kreuz.

25. April, sodass es also insgesamt 35 verschiedene Ostertermine gibt. Die Lage des Ostertermins im beginnenden oder fortgeschrittenen Frühling bringt es natürlich mit sich, dass Ostern mal winterlich und mal frühlingshaft ausfallen kann. Dass um Ostern noch Schnee fällt, ist auch im milden Münsterland-Klima durchaus möglich, wie die vergangenen Jahre gezeigt haben.

Wie auch an Weihnachten wird das Festgeheimnis bereits in der Nacht gefeiert. In den Bischofskirchen wie in Münster oder im Petersdom in Rom um Mitternacht, in den Gemeinden zum Teil schon etwas früher. Die Gläubigen versammeln sich vor der Pfarrkirche an einem kleinen Osterfeuer. Dort wird die Osterkerze entzündet. Priester oder Diakon bringen die Kerze mit dem dreimaligen Ruf „Lumen Christi" („Christus, das Licht") in die dunkle Kirche. Von der Kerze aus wird das Licht an die Gläubigen weitergegeben. Im Exsultet werden die Osterkerze und das Geheimnis der Osternacht besungen. Es folgen die Lesungen mit dem Schöpfungsbericht und dem Durchzug der Israeliten durch das Rote Meer, schließlich wird das Osterevangelium vorgetragen. Zur Osternachtfeier gehört auch die Taufenerneuerung. Der Priester weiht das Weihwasser durch Gebet und Eintauchen der Osterkerze. Die Gläubigen erneuern ihr Taufversprechen und werden mit dem Weihwasser besprengt. In vielen Osternachtgottesdiensten ist hier auch der Ort für die Taufe. In den vergangenen Jahren ist das Bistum Münster bei der Heranführung Erwachsener zur Taufe besonders vorbildlich gewesen. Da die Taufe im Babyalter in manchen Regionen Deutschlands nicht mehr selbstverständlich ist, ergreifen heute mehr Erwachsene als früher die Gelegenheit, sich als Erwachsene taufen zu lassen. Nach einer zentralen Zulassungsfeier im Bistum und einer intensiven Vorbereitung in den Gemeinden empfangen die Taufkandidaten dann in der Osternacht in ihren Gemeinden das Sakrament der Taufe.

Mit dem Gloria gehen die Lichter in den Kirchen an, die Orgel erklingt mit allen Registern, die Glocken melden sich wieder in den Türmen. Osterfreude macht sich breit. Das klassische Osterlied im Bistum Münster ist das Lied „Das Grab ist leer", das die Menschen häufig zum Gloria mit Inbrunst singen, ebenso wie das Lied „Halleluja lasst uns singen, denn die Freudenzeit ist da".

In manchen Gemeinden schließt sich an die Osternachtfeier noch eine „Agape" an, ein „Liebesmahl" im Pfarrheim mit Brot und Wein als Zeichen der Festfreude und der Zu-

Auch die Bösenseller Pfarrkirche St. Johannes zeigt sich im Glanz der Kerzen. Im „Exsultet" werden die Osterkerze und das Geheimnis der Osternacht besungen.

sammengehörigkeit. In den vergangenen Jahren ist es vielerorts auch wieder Brauch geworden, die eigentliche Ostermesse frühmorgens bei Sonnenaufgang zu feiern. In der Gemeinde St. Johannes Baptist in Bösensell zum Beispiel versammeln sich die Gläubigen morgens zwischen fünf und sechs Uhr auf dem Friedhof, wo das Osterfeuer angezündet wird, auch für jene Menschen, die bereits im Glauben an die Auferstehung aus dieser Welt Abschied genommen haben. Dann geht es in einer Prozession zur Kirche, wo die Ostermesse beginnt. Im Idealfall geht dann die Sonne an einem wolkenlosen Himmel auf und erleuchtet durch die Fenster die Kirche – ein starkes Symbol für den auferstandenen Christus.

Hauptvergnügen der Kinder am Ostersonntag ist natürlich die Eiersuche im Garten, die bei schlechtem Wetter im Zweifelsfall auch drinnen stattfinden kann. Schokoladenhasen, Schokoladeneier in allen Formen und Farben, mal gefüllt, mal nicht, werden von den Erwachsenen in Hecken, Baumkronen oder in vorher bereits vorbereiteten Grasnestern versteckt und unter großem Juchhei gesucht und gefunden. Das Ei als uraltes Symbol des Lebens und der Hase als Vertreter einer im Frühjahr besonders fruchtbaren Spezies sind heute aus dem Osterfest nicht mehr wegzudenken. Doch der in den Geschäften getriebene Kult mit Hase und Ei ist ähnlich wie bei den Weihnachtssymbolen auch ein Ergebnis des konsumorientierten 20. Jahrhunderts. Ursprünglich waren Eier in einer agrarisch geprägten Gesellschaft wichtige Abgaben. Später entwickelten sich Geschenke daraus.

Noch um 1900 wurde auf dem Lande in Westfalen noch sehr einfach und schlicht Ostern gefeiert. Die Frau des Hauses stellte eine Schüssel mit Eiern auf den Tisch, und das war es auch schon. Nicht selten führte der übermäßige Verzehr von Eiern auch zu schlimmen Blähungen. Die Ursprünge des Osterhasenbrauches liegen laut Auskunft der Volkskundlichen Kommission für Westfalen in evangelischen Familien des 17. Jahrhunderts. So finden sie sich in einer Schrift eines gewissen Mediziners Georg Franck aus der Pfalz. Dort ist von „Haseneiern" die Rede: Diese hießen so „nach der Fabel, die man den Naiveren und den Kindern einprägt, dass der Osterhase solche Eier lege und in den Gärten im Grase, in den Obststräuchern usw. verstecke, damit sie von den Knaben um so eifriger gesucht würden". Der Arzt wusste – passend zu den Gebräuchen im Münsterland – auch von Todesfällen durch übermäßigen Eierkonsum zu berichten. Zwar wurden schon um 1800 in bürgerlich-städtischen Bevölkerungskreisen Schokoladenhasen und Schoko-Eier verschenkt, doch hatte sich in Westfalen bis 1900 noch nicht flächendeckend die Vorstellung eines eier-

Das Osterei ist und bleibt ein starkes österliches Symbol für das Leben. Dies zeigt sich auch auf dem Ostermarkt in Appelhülsen, wo die Kinder Eier färben und bemalen.

legenden Hasen durchgesetzt. Nördlich von Münster dichtete man dem Kranich die Eier an, im Südwesten Westfalens wurde in einzelnen Orten auch ganz schlicht und einfach die Henne als natürliche Urheberin der Eier angesehen.

Neben Hühnern, Hasen oder Küken ist das Osterlamm als fester Bestandteil des christlichen Osterfestes fast schon wieder in den Hintergrund gedrängt worden. Da die Juden zum Passah-Fest ein Lamm schlachteten und Jesus auch als Lamm Gottes bezeichnet wird, gehört es zu Ostern. So gibt es Gebildbrote in Form von Lämmern, auch Backformen für Kuchen, und in vielen Familien und Gaststätten steht Lamm zu Ostern auf dem Speiseplan, zumal Lämmer ja im Frühling geboren werden.

Die Herkunft des Wortes Ostern ist übrigens bis heute nicht endgültig geklärt. Nach früher allgemein verbreiteter Auffassung handelt es sich hierbei um eine Ableitung von althochdeutsch „ostarun“, das seit dem 19. Jahrhundert (zuerst durch J. Grimm) als Name eines heidnischen Frühlingsfestes und einer heidnischen Frühlingsgöttin gedeutet wird. Dagegen erheben sich neuerdings Bedenken. Neben der Herleitung von altnordisch „austr“ („begießen“, Hinweis auf die Taufe) gilt der Bezug zur österlichen Auferstehungsliturgie am Morgen als wahrscheinlich. Von der Forschung allgemein verworfen wird die Existenz einer heidnisch-germanischen Frühlingsgöttin „Ostara“. Stattdessen wird die Herausbildung des Osterbrauchtums stärker im Zusammenhang mit der Geschichte der christlichen Osterfeier erklärt. Der wohl älteste Beleg für den Begriff Ostern findet sich bei dem Kirchenlehrer Beda Venerabilis (674–735) mit dem Wort „Eostro“. Das Wort bedeutet ursprünglich „Morgenröte“ und ist zum Beispiel auch mit dem lateinischen „aurora“ (Morgenröte) verwandt. Auch hier ist der Hinweis erhalten, dass die Christen in der Osternacht bis zum Beginn des Morgens wachen, um die Auferstehung zu feiern.

Feuer und Spiele gehören ebenfalls seit Alters her zum Ablauf des Osterfestes. Der spielerische Wettstreit einzelner Gemeinden um das höchste Osterfeuer oder darum, wem es gelingen würde, das Osterfeuer der Nachbargemeinde vorzeitig abzubrennen, war und ist vor allem im Sauerland weit verbreitet. Deshalb werden heute häufig auch Nachtwachen an den Feuern aufgestellt. In manchen Gemeinden ist es üblich, dass die Messdiener am Abend des Ostersonntags einen Fackellauf durch die Gemeinde veranstalten, um die Gemeindemitglieder

Pfadfinder zünden in Burgsteinfurt Pechfackeln an der Osterkerze an, um mit der Flamme das große Osterfeuer anzustecken, das in vielen Gemeinden am Abend des ersten Osterfesttages abgebrannt wird.

Rechte Seite:
In Mariendorf an der Peripherie Münsters ziehen die Messdiener der Dyckburg mit der Fackel durch die Gemeinde, um die Gemeinde zum Osterfeuer einzuladen. Der Faszination des großen wärmenden Feuers kann man sich, wie hier in Gimbte oder Münster (unten), kaum entziehen.

Die Kinder, ob in Saerbeck (links) oder Münster, haben bis auf den heutigen Tag beim Ostereiersuchen ihre besondere Freude.

zum Osterfeuer einzuladen. Übertriebene Umweltbedenken haben dazu geführt, dass in manchen Pfarreien der Osterfeuerbrauch mittlerweile eingeschlafen ist. Dabei meckern jene, die gerne jede Kurzstrecke mit dem Auto zurücklegen und Abgase in die Luft blasen, besonders laut, wenn ein paar organische Materialen wie Holz und Stroh verbrannt werden. Die durchaus richtigen Hinweise, dass man die Osterfeuer erst kurz vor dem Abbrennen auf- bzw. umschichten soll, werden in vielen Gemeinden berücksichtigt, damit sich nicht Kleingetier oder Vögel in den Holzstößen einnisten.

Aber es gibt auch noch weitere Spiele am Ostersonntag. Das Osterhasseln, wie es beispielsweise in Buldern im Kreis Coesfeld betrieben wird, findet nicht am Osterfeuer, sondern auf der Straße statt. Für dieses Spiel benötigt man zwei Mannschaften, die sich in einigem Abstand voneinander aufstellen. „Jede der beiden Mannschaften versucht, die andere Partei durch den Wurf mit der Hasselscheibe möglichst weit nach hinten zu drängen und auf diese Weise in die Zone der anderen Partei vorzustoßen. Die Hasselscheibe muss so geworfen werden, dass sie auf der Straße rollt und von der gegnerischen Mannschaft mit den Beinen gestoppt werden kann. Ein Schiedsrichter entscheidet, welche Partei gewonnen hat", erklärt die Volkskundlerin Christiane Cantauw die Spielregeln.

Die Teilnehmer des Hasselns übrigens setzen sich aus den Junggesellen der Bulderner Westseite (Richtung Dülmen) und der Ostseite (Richtung Münster) zusammen. Der „Krumme Timpen" bildet die Grenze. Von den Spielern wird eine gewisse Robustheit erwartet, denn das Hasseln ist nicht ganz ungefährlich. Manche umwickeln auch ihre Beine mit Schaumstoff (Teile von Isomatten). Wenn die harte Holzscheibe mit mächtigem Schwung auf die gegnerische Mannschaft zurollt, dürfen die jungen Akteure nicht zimperlich sein und müssen die Scheibe mit dem Fuß stoppen, so bestimmt es die Regel. Aber oft genug knallt der Hassel mit Wucht gegen Schienbein oder Knöchel. Auch die Schaulustigen müssen auf der Hut sein. Die Autos der Anwohner werden zuvor sicherheitshalber außerhalb der Reichweite der hölzernen Scheibe geparkt. Natürlich wird im Umfeld des Hasselns auch reichlich gebechert.

Wann das Osterhasseln in Buldern entstanden ist, lässt sich nicht mit Sicherheit erkunden. Mitglieder des Bulderner Bürgerstammtisches sagen ihm eine mehrere Jahrhunderte lange Tradition nach und führen den Brauch auf die Zeit der alten Germanen zurück. So soll das Spiel mit der Holzscheibe, dem Hassel, den Kampf des Frühlings gegen die Mächte des Winters symbolisieren, wobei der Hassel die Sonnenscheibe versinnbildlicht. 2007 gab es einen Zeitungsaufruf an junge Männer ab 16, sich doch wieder stärker am Hasseln zu beteiligen.

Eine außergewöhnliche Tradition ist das Osterhasseln in Buldern. Zwei Mannschaften werfen und rollen sich eine Holzscheibe zu, die mit den Füßen zu stoppen ist. Wer es schafft, die gegnerische Mannschaft dabei über eine bestimmte Grenze zurückzudrängen, ist Sieger.

Auch für das Sammeln der „Buschken" (Holzbündel) für das Osterfeuer wurden verstärkt Helfer gesucht.

Verbreitet war auch das Schlagballspielen. Rund um das Ei gab es natürlich ebenfalls zahlreiche Spiele. Meist ging es bei den Bräuchen wie Eierrollen, Eierticken, Eierlaufen, Eierwerfen oder Eierkippen darum, den Mitstreitern ein oder mehrere Eier abzujagen. Das unter Dorfjugendlichen und kernigen Bauernsöhnen gepflegte Eier-Wettessen führte nicht selten zu ausgeprägten Irritationen im Magen- und Darmbereich.

Eigentlich müsste man am Ostersonntagabend mit dem Ballon über dem Münsterland schweben, um die vielen in der Nacht leuchtenden Feuer zu bestaunen. Doch auch wer mit dem Auto durch die Landschaft führt, kann auf fast jeder größeren Wiese und an vielen Bauernhöfen die Flammen lodern sehen. Und es liegt ein ein angenehmer Räucher- oder Kaminduft in der Luft, den man in dieser Konzentration nur noch am Osterabend in die Nase bekommt.

Es grünt und blüht

Von Ostern bis Pfingsten

Der erste Sonntag nach Ostern heißt Weißer Sonntag. Der Name geht darauf zurück, dass die zu Ostern Getauften in früherer Zeit an diesem Tage ihr weißes Täuflingsgewand ablegten. Später wurde dieser Tag allmählich zum Tag der ersten heiligen Kommunion, und zwar im Gefolge des Trienter Konzils (1545–1563). Nach einer frühen kirchlichen Phase, in der Säuglinge Taufe, Erstkommunion und Firmung gleichzeitig erhielten, war es im Gefolge des vierten Laterankonzils (1215) üblich, dass Kinder zwischen sieben und 14 Jahren zur Erstkommunion gingen. Der Termin jedoch war nicht genau vorgeschrieben. Im Zuge der Gegenreformation nach dem Konzil von Trient nahmen sich die Jesuiten der Erstkommunion an. Sie fand nun in der Regel am Weißen Sonntag und nicht an Ostern statt, um die Erstkommmunion jenseits der österlichen Pflichtkommunion als eigenständiges Fest zu etablieren. Erst Mitte des 19. Jahrhunderts wurde der Weiße Sonntag als Termin der Erstkommunion fest eingerichtet, wovon es aber nach dem Recht der einzelnen Diözesen inzwischen vielerlei Ausnahmen gibt. Waren es in früheren Jahrzehnten die zwei-

Diese Mädchen und Jungen gehen in der Saerbecker Pfarrkirche St. Georg zur Ersten Heiligen Kommunion. Ein Tag, den sie nicht vergessen werden.

Ebenfalls in der katholischen Saerbecker Kirche St. Georg feiern diese jungen evangelischen Christen ihre Konfirmation. Ein schönes ökumenisches Zeichen.

ten Jahrgänge, so hat man sich jetzt im Bistum Münster darauf verständigt, dass die Kinder erst im dritten Grundschuljahrgang, also mit etwa acht Jahren, zum ersten Mal zum Tisch des Herrn gehen. In religiös aktiven Familien gibt es freilich immer auch die Möglichkeit, die Kinder früher auf die Erstkommunion vorzubereiten. Als Termin für die Erstkommunion eignet sich auch der Gründonnerstag als Feier der Einsetzung des Abendmahls. Vielerorts hat sich aber auch die Tradition durchgesetzt, die Erstkommunion erst an Christi Himmelfahrt oder am Sonntag darauf zu feiern. Für viele Familien scheint es besonders wichtig zu sein, dass das Wetter stabil ist und die häusliche Feier im Zweifelsfall auch draußen stattfinden kann.

Bis um 1900 übrigens war die Erstkommunion im Grunde ein rein kirchliches Fest, erst danach wurde sie auch privat gefeiert.

Die Kommunionkinder nahmen, wie Manfred Becker-Huberti es formuliert, die formale Tradition der Täuflinge als „Bräute Christi" und „Engel" auf. So wurden die Mädchen auch entsprechend gekleidet. Parallel dazu erhielten die Jungen einen passenden dunklen Anzug. Während der Zeit des Nationalsozialismus wurde der Weiße Sonntag auch im Münsterland nicht selten ein Tag des öffentlichen Glaubensbekenntnisses.

In einer Zeit abnehmender Religiosität und allgemeiner Verdunstung des Glaubens wird die Erstkommunion für die pastoralen Mitarbeiter vieler Gemeinden auch im Münsterland immer mehr zu einer Gratwanderung. Bei vielen Eltern stehen Äußerlichkeiten wie die Kleidung der Kinder, die Geschenkorgien oder das Festmahl mit Verwandten und Bekannten im Mittelpunkt des Geschehens. Der Versuch, Eltern in die Vorbereitung des spirituellen Geschehens miteinzubeziehen, hat manche Gemeinden schon in heftige Turbulenzen getrieben. Es bleibt dabei, dass vielfach Äußerlichkeiten den Festtag bestimmen. Zwar fehlt bei vielen Eltern die kirchliche Bindung, doch wollen sie ihren Kindern den Tag der Erstkommunion nicht vorenthalten. Priester und Pastoralreferenten, auch die vorbereitenden Gruppenmütter, trösten sich damit, dass durch punktuelle Glaubensunterweisung und Glaubenserfahrung vielleicht doch eine neue, tiefere Religiosität bei Kindern und Eltern angefacht wird. Doch häufig ist es dann doch so, dass Eltern und Kinder schon am Sonntag nach der Erstkommunion nicht mehr den Weg zur Kirche finden.

Maifeiertag

Der 1. Mai „mogelt" sich als staatlicher Feiertag in die Reihe der vielen kirchlichen Feiertage zwischen Ostern und Pfingsten. Zur Zeit des Kalten Krieges war es der Tag der gewaltigen Arbeiter- und Soldatenaufmärsche in Ostberlin, Warschau oder Moskau. Auch im Westen trumpften am „Tag der Arbeit" die Gewerkschaften mit phonstarken Demonstrationszügen und Rednerbeiträgen sowie Schalmeienbläsern auf. Mittlerweile ist der 1. Mai, auch wenn es noch in größeren Städten gewerkschaftliche Kundgebungen gibt, eher eine Art unverbindliches Frühlingsfest geworden. Im Münsterland ziehen Jugendliche und Erwachsene schon am Vorabend mit dem Bollerwagen und alkoholischen Getränken los, um die warme Jahreszeit zu begrüßen. Am Tag selber hat das Maibaum-Aufrichten, das man früher eher aus dem süddeutschen Raum her kannte, mittlerweile auch in Westfalen und im Münsterland eine Tradition. Ob in Nottuln, Sassenberg oder Bösensell – der Maibaum ziert den Sommer über einen zentralen Platz in

Münsterland: Land der Fahrräder und der Pättkestouren. Vom Frühjahr bis zum Herbst kann man auf gut ausgebauten Radwegen Land und Leute erkunden. Das Schloss Hülshoff, wo die Dichterin Annette von Droste-Hülshoff (1797–1848) aufwuchs, ist ein beliebtes Ausflugsziel.

der Gemeinde. Neben einem grünen Kranz mit Schleifen baumeln auch Schilder und Wappen der tonangebenden Vereine und Verbände der Gemeinde in luftiger Höhe. Blaskapellen, Männerchöre und Tanzgruppen der Frauengemeinschaften umrahmen die Errichtung des Maibaumes. Viele ziehen es aber auch vor, dem Festrummel zu entfliehen und fahren mit dem Rad ins Grüne. Grünende Zweige am Lenker sind nur am 1. Mai zu sehen, als wolle man, wie in dem alten Mailied besungen, zeigen: „Der Mai ist gekommen, die Bäume schlagen aus." Um ihren Platz bei den Arbeitern nicht ganz zu verlieren, hat die Katholische Kirche unter Papst Pius XII. im Jahre 1955 das Hochfest des heiligen Josef, des Arbeiters, eingeführt. Der neue Kalender behält es deutlich abgeschwächt als nichtgebotenen Gedenktag bei. In den meisten Gemeinden finden an diesem Tag Gottesdienste statt, die sich in Fürbitten und Gebeten auch mit der Situation der arbeitenden Menschen auseinandersetzen.

Bislang übrigens gingen Wissenschaftler davon aus, dass Westfalens erste Maibäume um 1900 im Kreis Siegen-Wittgenstein standen. Neuere Belege weisen darauf hin, dass es schon 1680 einen westfälischen Maibaum in Jöllenbeck bei Bielefeld gab. Ursprünglich waren diese Bäume aber auch nicht unbedingt am 1. Mai, sondern erst am Tag vor Pfingsten aufgestellt worden.

Diese Maibäume waren, wie Volkskundler aus Westfalen wissen, usprünglich viel schlichter als heute. Zumeist wurde nur ein Stamm entrindet, und oben blieb etwas Grün von der Größe eines Weihnachtsbaums stehen. Zuweilen wurden bunte Bänder in die verbliebenen Zweige gehängt. Manchmal brachte man auch noch einen buntverzierten Fichtenzweigkranz darunter an. Leider sind vielerorts keine Belege für den Maibaum-Brauch gesammelt worden, so dass die Volkskundler nicht genau wissen, wann in welchem Ort die Tradition eingeführt wurde.

Christi Himmelfahrt

40 Tage nach Ostern feiert die Kirche das Fest „Christi Himmelfahrt". Himmelfahrt heißt nach christlichem Verständnis, dass Jesus den Jüngern nicht mehr begegnet, weil er zu Gott, seinem Vater, heimgekehrt ist. Wie der Apostel Lukas kennt auch das Matthäusevangelim einen Abschluss der Begegnungen Jesu mit den Jüngern, die nach Berichten der Apostelgeschichte 40 Tage andauerten. Die Begegnung und damit auch das Matthäusevangelium schließen mit dem Missionsauftrag Christi an die Jünger. Früher wurde am Himmelfahrtstag die Osterkerze nach dem Evangelium ausgelöscht. In manchen Kirchen wurde auch, um das Unfassbare zu versinnbildlichen, eine Christusfigur nach oben gezogen.

Vielfach finden heute am Fest Christi Himmelfahrt die Erstkommunionfeiern statt.

Die Kindergruppe des Heimatvereins Nottuln begrüßt den Mai mit einem flotten Holzschuhtanz.

In den Medien ist immer weniger vom Fest „Christi Himmelfahrt", sondern vom Vatertag die Rede, den viele Männer mit einer „Herrenpartie", einem feucht-fröhlichen Ausflug, feiern. Die Schulen haben sich längst daran gewöhnt, um die Feiertage Christi-Himmelfahrt und Fronleichnam so genannte Brückentage oder bewegliche Ferientage einzufügen, so dass willkommene Ausflugs- und Kurzurlaubszeiten entstehen.

Am zweiten Sonntag im Mai ist der „Muttertag", der im übrigen keine Erfindung der Nationalsozialisten ist, wiewohl diese doch das Mutterkreuz für besonders gebärfreudige Mütter einführten. „Der Muttertag ist ein Import aus den USA", weiß Christiane Cantauw, Volkskundlerin beim Landschaftsverband Westfalen-Lippe. Er wurde bereits 1914 in Amerika zum Staatsfeiertag erklärt. Sieben Jahre lang hatte die Methodistenpredigertochter Ann Jarvis zuvor für diesen Tag geworben. Der erste Muttertag in Deutschland wurde in Deutschland 1923 ausgerufen. Klare Sache, dass Blumen- und Geschenkläden ein besonderes Interesse daran haben, solche Feiertage ins Bewusstsein ihrer Kundschaft zu heben.

An Christi Himmelfahrt feiern – wie schon erwähnt – die Väter ihren Ehrentag. Ausgerüstet mit Bollerwagen und Bierflaschen ziehen sie durch die Gegend. Der „Vatertag" ist angeblich eine holländische Erfindung aus dem Jahr 1936. Dahinter steckten Zigarrenhändler und Metzger. Sie wollten am Vatertag eben auch etwas verdienen, ebenso wie die Blumenhändler am Muttertag.

Seinen Ursprung hat der Vatertagsausflug möglicherweise in den sogenannten Flurumgehungen, die es in vielen Bistümern am Himmelfahrtstag im 18. und 19. Jahrhundert als nachempfundenen Gang der Apostel gab. Im Neuen Testament wird davon berichtet, dass die Apostel zum Ölberg hinausgegangen waren, um sich von Jesus zu verabschieden.

Pfingsten

50 Tage nach Ostern ist „Pfingsten", das Wort geht auf das griechische „Pentecoste" (Fünfzig) zurück. Zugrunde liegen dem Fest die Berichte der Apostelgeschichte. Im 2. Kapitel wird berichtet, wie der Heilige Geist in Feuerzungen auf die Apostel herabkommt. Sie verkünden begeistert und in vielen verschiedenen Sprachen die frohe Botschaft des auferstandenen Christus. Pfingsten wird auch als Gründungstag der Kirche gefeiert und hat gerade in der ökumenischen Begegnung

Jetzt beginnen die Frühlingsfeste: Vor dem mächtigen Turm der St.-Felicitas-Kirche in Lüdinghausen probt ein junger Mann den Höhenflug.

In der Fußgängerzone von Lü-dinghausen zeigen Zweirad-Akrobaten in der Half-Pipe ihr Können.

einen neuen Stellenwert erhalten. Deshalb finden heutzutage etwa am Pfingstmontag in Münster ökumenische Gottesdienste statt, die vom Bistum Münster und der Evangelischen Kirche von Westfalen vorbereitet werden. Kirchliche Gruppierungen und Hilfswerke stellen sich dann auf einem bunten Markt der Möglichkeiten vor. Die Bedeutung des Pfingstfestes wird auch dadurch unterstrichen, dass in Deutschland zwei Feiertage angesetzt sind, neben Weihnachten und Ostern. Das hat in den vergangenen Jahren auch zu Begehrlichkeiten bei Arbeitgebern und Politikern geführt, die die Anzahl der Feiertage in Deutschland reduzieren wollten. Der Buß- und Bettag im November wurde bereits vor einigen Jahren als Kompensation für den Arbeitgeberanteil der Pflegeversicherung abgeschafft, was vor allem die evangelische Kirche bis heute betrübt. Die Kirchen argumentieren mit dem religiösen Gewicht des Pfingstfestes, deuten gleichzeitig mit vielen außerkirchlichen Verbündeten darauf hin, dass zu Pfingsten viele Vereine und Verbände zu Festen, Begegnungen, Ausflügen oder Sportturnieren einladen. Pfingsten als Fest der Begegnung würde vermutlich seinen gesellschaftlichen und damit auch wirtschaftlich bedeutsamen Stellenwert komplett einbüßen, wenn der zweite Feiertag gestrichen würde.

Eine besonders schöne Darstellung des Pfingstereignisses, der Ausgießung des Heiligen Geistes auf die Apostel und die Gottesmutter, findet sich übrigens in der Turmkapelle der Not-

tulner Martinuskirche. 470 Jahre war das spätgotische Steinrelief von 1535 neben dem Portal an der Südfassade dem Münsterlandwetter ausgesetzt. 2005 wurde das bedeutende Zeugnis westfälischer Bildhauerkunst durch die Kirchengemeinde fachkundig restauriert und in der Kirche untergebracht. Dafür erklärten es die Denkmalpfleger des Landschaftsverbandes Westfalen-Lippe im Jahre 2005 zum Denkmal des Monats Mai.

Das rechteckige Relief aus Baumberger Sandstein zeigt in einem mehrfach gestuften und oben halbrund geschlossenen Rahmen das Pfingstwunder. Die Steinoberfläche der Nottulner Pfingstdarstellung ist bereits ein Stück weit vergangen, so dass nicht mehr alle Details des Geschehens, wie z.B. die Feuerzungen auf den Köpfen der Apostel, zu erkennen sind. Noch deutlich sichtbar ist die in der Bildmitte auf einem Pfostenthron sitzende Maria. An ihrer Seite sieht der Betrachter die Apostel, in drei Reihen übereinander angeordnet. Über der Szenerie schwebt die in den halbrunden oberen Abschluss integrierte Taube als Symbol des Heiligen Geistes.

Der besondere ortsgeschichtliche Bezug des Nottulner „Pfingstwunders" liegt in seiner Funktion als Epitaph, also als Erinnerungsmal für die am 12. Mai 1535 verstorbene Stiftsdame Lysa von Velen. Die Nottulner Pfarrkirche war bis 1811 zugleich Kirche des freiweltlichen Damenstifts Nottuln, das nur adeligen Frauen offenstand.

Wildpferdefang im Merfelder Bruch: Am letzten Samstag im Mai fangen junge Bauernburschen aus der Dülmener Umgebung die einjährigen Junghengste ein. Diese erhalten anschließend das Brandzeichen des Herzogs von Croy und werden versteigert. Das Herausfangen aus der Herde ist nötig, um Inzucht und erbitterte Rangkämpfe zu verhindern. Viele Tausend Zuschauer erleben Jahr für Jahr das Spektakel mit.

Das Relief wurde also bis 2005 schonend gereinigt und ausgebessert. Vor allem das Entfernen von Gipskrusten, die sich aus der Reaktion des Sandsteins mit Luftschadstoffen bilden, war dabei problematisch, weil dann zuweilen auch die Oberschicht mit weggerissen wird. Doch die Restauratoren sind zufrieden, denn auch ohne weitere Oberflächenkosmetik hat das Bild zumindest einen Teil seines ursprünglichen Aussehens erhalten.

Wie auch Christi Himmelfahrt ist Pfingsten ein Fest, an dem die Menschen die erwachende und dann üppig erblühende Natur des Spätfrühlings und Frühsommers feiern. Ausflüge, Begegnungen und Straßenfeste gehören zum Brauchtum.

War Pfingsten früher in einigen Teilen Westfalens ein frohes Fest mit einem Umzug, wurden in anderen westfälischen Gegenden die „Spätaufsteher" unter Mägden, Knechten und sogar Kühen verspottet. Das kirchliche Fest zum Ende der Osterzeit, das vielerorts auch mit Prozessionen gefeiert wurde, war von unterschiedlichen Bräuchen begleitet, wie die münstersche Volkskundlerin Christiane Cantauw erläutert. In manchen Gegenden Westfalens, so etwa im Siegerland und im Wittgensteiner Land gab es „Heischebräuche", bei denen ein Junge als in Buchenlaub eingebundener „Pfingstlümmel" mitgeführt wurde. Langschläferinnen bei Lüdenscheid wurden als „Pinkesbrut" verlacht. Den Langschläfern unter den Knechten erging es nicht besser: Sie wurden „Pinkesvoß" oder „Pinkelhammel" genannt. Im südwestlichen Münsterland galt es dagegen offenbar als eine Auszeichnung, als „Pfingstbraut" den Pfingstumzug der Kinder anzuführen: „Zwischen Bocholt und Lüdinghausen zogen die Kinder als Hochzeitsgesellschaft durch die Straßen. Dabei gingen meist ein Mädchen als Braut und ein Junge als Bräutigam unter einem Blumenbogen vor ihrem großen Gefolge durch die Nachbarschaft", schildert Cantauw einen weiteren Pfingstbrauch. Dieser Brauch, bei dem die Kinder um Süßigkeiten baten, war in den Baumbergen und auch im Tecklenburger Land unter dem Namen „Pingstebloom" bekannt.

Fronleichnam

Tantum ergo sacramentum
veneremur cernui,
et antiquum documentum
novo cedat ritui;
praestet fides supplementum
sensuum defectui.

Gott ist nah in diesem Zeichen:
knieet hin und betet an.
Das Gesetz der Furcht muss weichen,
da der neue Bund begann;
Mahl der Liebe ohnegleichen:
nehmt im Glauben daran teil.

(Gotteslob Nr. 543/544, 5)

Zehn Tage nach Pfingsten folgt das Fest Fronleichnam, eigentlich „Hochfest des Leibes und Blutes Christi". 1246 in Lüttich erstmals gefeiert, wurde es von dem aus Lüttich stammenden Papst Urban IV. im Jahre 1264 verbindlich für die gesamte Kirche eingeführt. In Rom, Münster und Orvieta fanden noch im gleichen Jahr die ersten Fronleichnamsfeiern statt. Fronleichnam bedeutet wörtlich „Herrenleib". Es ist das Fest, das an die Einsetzung der Eucharistie oder des Abendmahls erinnern soll und knüpft damit auch an den Gründonnerstag an. 1279 schon wurde das eucharistische Brot durch Köln getragen. Neben der Prozession durch Straßen und Felder gibt es bis heute auch Schiffsprozessionen, so zum Beispiel auf dem Rhein. Nach der Reformation wurde Fronleichnam zu einem konfessionstrennenden Fest und von vielen Katholiken auch als katholische Demonstration empfunden. Luther bezeichnete Fronleichnam als „allerschädlichstes Jahresfest", da ihm die

biblische Grundlegung fehle. Fronleichnam ist in Nordrhein-Westfalen gesetzlicher Feiertag, und so machen sich auch hier wie in früheren Jahrhunderten die Gläubigen zur Prozession auf. Straßenaltäre werden geschmückt, Bilder aus Blumen auf die Wege gelegt. Das Fest hat seine Wurzeln letztlich auch in den traditionellen Flurumgängen, bei denen Felder und Stadtviertel gesegnet wurden.

Mit Fronleichnam endet dann der Reigen der Feiertage, es beginnt eine liturgisch ruhigere Zeit „im Jahreskreis". Der Sommer steht vor der Tür.

Mit Fahnen- und Kerzenträgern sowie dem Trage-„Himmel" für das Allerheiligste in der Monstranz zieht die Bösenseller Fronleichnamsprozession durch das Dorf.

Pilgern und Wallfahren

Ein alter Brauch kommt groß in Mode

Liegt es an Hape Kerkeling, dessen Buch „Ich bin dann mal weg" über seine Wallfahrt nach Santiago de Compostela im Jahre 2007 zum Bestseller avancierte? Liegt es daran, dass die Menschen doch wieder den Weg zu religiösem Brauchtum finden? Liegt es an der sportlichen Herausforderung? Beim Pilgern und Wallfahren kommen offenbar viele Motive zusammen. Wie dem auch sei: Zu Beginn des 3. Jahrtausends sind Wallfahrten wieder in Mode, wobei die Menschen sich zwar nicht immer fasziniert zeigen von dem Ziel ihres Weges, wohl aber offenbar das Unterwegs-Sein, Nachdenken und Meditieren über den eigenen Lebensweg schätzen. Je anstrengender, je exotischer dabei das Ziel, desto größer offenbar auch die Begeisterung.

Nicht nur am Fest Fronleichnam – wie hier in Saerbeck – sondern auch anlässlich vieler Wallfahrten sind Christen im Münsterland als „wanderndes Gottesvolk" unterwegs.

Die größte Wallfahrt und das größte Begräbnis in seiner Geschichte erlebte die „Ewige Stadt" Rom im Jahre 2005, als rund zwei Millionen Menschen, vor allem auch Jugendliche, Abschied nahmen von Papst Johannes Paul II., der nach über 26-jährigem Pontifikat gestorben war. Nicht nur religi-

öses Empfinden, auch das Gespür für eine besondere historische oder kirchengeschichtliche Situation ließ die Menschen aufbrechen. Für manche ist es auch nur das „Event", das zählt, ohne dass ein solches Erlebnis automatisch in ein erneuertes und nachhaltiges religiöses Leben mündet.

Das Bild, das sich bei Wallfahrten im Münsterland zeigt, ist uneinheitlich. Dümpelte die münstersche Stadtwallfahrt von Münster nach Telgte zuletzt mit nur noch einigen Hundert zumeist älteren Teilnehmern vor sich hin, so ziehen die Osnabrücker gleich mit mehreren Tausend Pilgern, darunter auch viele Jugendliche, die über 40 Kilometer Strecke bis zum Marienwallfahrtsort Telgte. Besonders für die Katholiken aus Schlesien gehört das Pilgern, über 60 Jahre nach der schmerzlichen Vertreibung aus ihrer Heimat an Oder und Glatzer Neiße, zum christlichen Leben dazu. So zählt zum Beispiel die Glatzer Wallfahrt nach Telgte in jedem Sommer zu den Höhepunkten der Wallfahrtssaison. Beten und Singen mit Herz und Gemüt ist für die Glatzer einfach ein fester Bestandteil des Lebens. Aus ganz Deutschland reisen sie an und bekunden ihren religiösen und kulturellen Zusammenhalt.

In der Telgter Propsteikirche St. Clemens wird die Wallfahrtssaison mit einem Festgottesdienst eröffnet. Anschließend wird das Gnadenbild der Schmerzhaften Muttergottes aus der Wallfahrtskapelle durch die Straßen der Stadt getragen.

Die Pilgersaison fällt in die wärmere Jahreszeit. Ende April, Anfang Mai, mit dem Marienmonat beginnend, wird in den vielen Wallfahrtsorten von Telgte im Münsterland bis Kevelaer am Niederrhein die Wallfahrtssaison feierlich eröffnet. Ob in Gruppen und organisiert oder als Einzelwanderer oder Pättkesfahrer, jeder, der möchte, findet sein Ziel, und wenn es nur darum geht, am Bildnis der schmerzhaften Muttergottes von Telgte eine Kerze anzuzünden und in den persönlichen Anliegen der Familie oder Freunde zu beten, zu bitten oder zu danken. Die vielen Votivgaben in der Kapelle künden von der Not, aber auch von der Freude und dem Dank derjenigen, die hier gekniet und gebetet haben.

Pilger sind wir, auf dem Weg zu Gott. Den Weg gehen wir miteinander. Wir suchen und fragen und sind unterwegs. Da ist ein Kreuz, ein Bild der Gottesmutter oder ein anderes Zeichen, an dem wir uns versammeln und innehalten vor dem gegenwärtigen Herrn und dem Geheimnis unseres Lebens mit ihm. Zeiten und Orte gibt es, ausgesondert, um pilgernd zu beten, zu schweigen, zu betraten, zu meditieren, zu singen – auf dem Weg zu einem Ziel, das ER ist.

(Gotteslob Nr. 806)

Pilgerwege in der Region sind in ihren Distanzen überschaubar, manchmal aber auch Teil eines großen europäischen Pilgerwegenetzes. Seit 2007 gibt es in Westfalen nun einen durchgehenden Jakobspilgerweg nach historischem Vorbild. Der ausgeschilderte, zirka 170 Kilometer lange Wanderweg folgt einer alten Fernhandelsstraße von Osnabrück über Münster und Dortmund nach Wuppertal. Ein Wanderführer, der auch für Radwanderer geeignet ist, beschreibt die historischen Wege, die über tausend Jahre alte Tradition der Pilgerreise nach Santiago de Compostela in Spanien und die wichtigsten Sehenswürdigkeiten entlang dem Teilstück in Westfalen. Fünf Jahre lang haben Forscher der Altertumskommission für Westfalen, die vom Landschaftsverband Westfalen-Lippe finanziert werden, für das Projekt gebraucht. Der Weg von Osnabrück nach Wuppertal (über Lengerich, Ladbergen, Münster, Herbern, Werne, Cappenberg, Lünen, Dortmund, Hohensyburg, Herdecke, Gevelsberg, Schwelm) wurde abschließend mit den Gemeinden vor Ort abgestimmt und mit der charakteristischen Jakobsmuschel (europaweit gelb auf blauem Grund) ausgeschildert.

In Wuppertal-Beyenburg schließt eine Jakobspilger-Wanderroute an, die der Landschaftsverband Rheinland über Köln und Aachen bis nach Belgien ausgearbeitet hat. Ein Anschlussprojekt im Norden wird den Weg von Osnabrück durch Norddeutschland bis zum Baltikum fortführen. Zwei weitere Strecken in Westfalen von Corvey (Kreis Höxter) über Paderborn und Soest nach Dortmund und von Marburg über Siegen nach Köln sind die nächsten Projekte der Altertumskommission von Westfalen. Für die Pilger gab es im Mittelalter keine besonderen Wege, sie suchten die stark frequentierten Trassen auf, die ja teilweise heute noch als Hohlwege im Gelände er-

Die Lichter-Prozession mit Bischöfen, Priestern und Laien und dem Gnadenbild durch die dunkle Telger Innenstadt übt eine besondere Faszination aus.

Kutschenwallfahrt: Über 100 Pferdekutschen rollen seit 1988 jeweils am Fest Christi Himmelfahrt zum Marienwallfahrtsort Telgte.

kennbar sind oder mittlerweile sogar von Bundesstraßen oder Autobahnen überlagert werden. Die Pilgerfahrt zum Grab des Apostels Jakobus des Älteren im über 2000 Kilometer entfernten nordspanischen Santiago de Compostela hat eine Tradition bis ins Mittelalter. Man versprach sich die Heilung von Körper und Seele als Lohn für den Besuch der europaweit bekannten und bedeutenden Pilgerstätte.

Projektleiterin Ulrike Spichal hat sich bei der Erforschung des alten Wegenetzes weitgehend an historisch belegte Wegführungen angelehnt. Spichal: „Wir haben Reste von Hohlwegen gefunden, die sich durch die schweren Fuhrwerke ins Gelände eingegraben hatten. Zollstationen, die wir nachweisen konnten, waren für den Wanderer keine Hindernisse, denn Pilger waren vom Wegezoll befreit. Zahlreich sind die Hinweise auf mögliche Herbergen wie Klöster und Spitäler." Das Kloster Cappenberg zum Beispiel besaß ein Hospital, in dem vermutlich auch Pilger auf dem Weg nach Santiago Unterkunft fanden. In Osnabrück wurde nicht nur ein durchreisender Pilger bestattet, den man durch die Jakobsmuschel als solchen erkannte, es gab hier auch eine Jakobikapelle und ein St. Jakobi-Gasthaus, das mittellosen Pilgern Unterkunft bot.

Über Jakobspilger, die aus Westfalen stammen, ist gemeinhin nur wenig bekannt. Bekanntester westfälischer Pilger ist Bischof Anno aus Minden, der sich in den Jahren 1174 und 1175 auf den Weg nach Santiago de Compostela machte, das damals als Pilgerort übrigens einen gleichen Rang einnahm wie Jerusalem oder Rom. Manche Verbrecher konnten durch eine Pilgerreise einer Strafe entgehen, was die Wallfahrt zum Teil in Verruf brachte. Wohlhabende konnten das Pilgern auch gegen Geldzahlungen delegieren.

Wallfahrten bieten bis heute zweierlei: erstens eine Möglichkeit, das eigene Leben neu in den Blick zu nehmen, zweitens auch gesellschaftliche und soziale Ereignisse und Möglichkeiten der Begegnung mit Gleichgesinnten. Standen im Mittelalter häufig Gelöbnisse im Vordergrund, bei Heilung oder erfüllter Bitte eine Wallfahrt anzutreten, so gehört das Pilgern heute vielleicht wieder eher in den Erfahrungskreis eines ganzheitlich empfundenen Glaubens, der Wohlbefinden nicht nur geistig und geistlich, sondern auch körperlich definiert.

Wichtigstes Wallfahrtsziel war im Mittelalter zunächst Jerusalem, wo die Pilger den Kreuzweg Christi an den Original-

Die Osnabrücker Wallfahrt nach Telgte gilt als die zweitgrößte Fußwallfahrt in Deutschland. Rund 7500 Pilger ziehen die über 40 Kilometer von Osnabrück nach Telgte. Diözesanbischof Dr. Franz-Josef Bode ist an der Spitze dabei.

schauplätzen nachvollzogen. Ziele waren auch Apostelgräber, so eben Rom und Santiago de Compostela.

Für die, die nicht ganz so weit reisen konnten, war – zumindest im 20. Jahrhundert – eine Fahrt zum Heiligen Rock nach Trier, eine Wallfahrt nach Telgte, Stromberg (bei Oelde im Kreis Warendorf), Pömpsen (Bad Driburg im Kreis Höxter), Bethen (Cloppenburg, Niedersachsen), Kevelaer (Niederrhein) oder gar ins süddeutsche Altötting eine Alternative. Bahn-, Schiffs-, und Flugreisen zu den wichtigsten Pilgerzielen der katholischen Welt werden Jahr für Jahr angeboten. Dafür gibt es eine Pilgerstelle im Bistum Münster und das Büro Emmaus-Reisen, das solche Pilgerfahrten professionell vorbereitet und durchführt. Wen es mehr in die heimatliche Region zieht, für den gibt es über 20 Wallfahrts- und Gedenkorte im Bistum Münster zur Auswahl:

– Aengenesch (bei Geldern) – Marienwallfahrtsort
– Bethen (bei Cloppenburg) – Marienwallfahrtsort
– Billerbeck – Sterbeort des Heiligen Liudger
– Coesfelder Kreuz
– Eggeroder Marienwallfahrt
– Freckenhorster Kreuzwallfahrt
– Haltern – Annaberg, Verehrung der Heiligen Anna
– Herzfeld – Verehrung der Heiligen Ida von Herzfeld
– Hoetmar – Schmerzhafte Mutter von Buddenbaum
– Das Heeker Gnadenkreuz
– Hopsten-Breischen – Marienwallfahrtsort
– Kevelaer – Marienwallfahrtsort
– Kranenburger Kreuzwallfahrt
– Marienbaum – Marienwallfahrtsort
– Nottuln – Grabstätte der Heiligen Heriburg
– Rosendahl (Darfeld) – Reliquien der Hl. Maria Droste zu Vischering
– Stadtlohner Marienwallfahrt
– Südlohne – Verehrung der Anna Selbdritt
– Stromberger Kreuzwallfahrt
– Telgter Marienwallfahrt
– Vinnenberger Marienwallfahrt
– Warendorfer Marienwallfahrt
– Xanten – Grab des Heiligen Viktors und Gefährten

Der Annaberg bei Haltern, wo die Mutter der Gottesmutter Maria verehrt wird, übt vor allem auf die vertriebenen Schlesier eine besondere Anziehungskraft. Denn dieser Wallfahrtsort erinnert sie an die gleichnamige Pilgerstätte in Schlesien.

Alle reden über das Wetter

"Was ist bloß mit dem Wetter los?" Immer öfter schauen die Münsterländer zum Himmel. Selten ist das Wetter exakt so, wie es dem jahreszeitlichen Empfinden nach sein sollte, wobei zwischen subjektivem Empfinden und langfristigen Trends zuweilen Welten liegen. In den 70er Jahren beschwor der Showmaster Rudi Carrell noch den ultimativen Badesommer mit der sanglichen Phrase „Wann wird's mal wieder richtig Sommer?" Anfang des 21. Jahrhunderts jedenfalls kann man sich über freibadfeindliche Sommer nicht beklagen. 2003 kratzte das Thermometer auch im Münsterland gleich mehrfach an der 40-Grad-Marke. Von einem Jahrtausendsommer ist bis heute die Rede, mindestens aber von einem Jahrhundertsommer. Der deutsche Wetterdienst meldete 2003 bilanzierend: „Alle drei Sommermonate waren erheblich zu warm. Der Juni und der August waren (...) die wärmsten seit (...) 1901. Auch die Lufttemperaturen des Monats Juli lagen ebenfalls erheblich über den Mittelwerten der internationalen klimatologischen Referenzperiode 1961–1990. Damit wurde natürlich auch der gesamte klimatologische Sommer zum Rekordsommer. Die mittlere Tagestemperatur betrug etwa 19,6 °C und lag damit 3,4 Grad über dem Referenzwert. Mit Ausnahme einiger Stationen in Nord- und Nordwestdeutschland war dies also der heißeste Sommer seit Beginn der Messreihen im Jahre 1901. Die Mittelwerte der bisher heißesten Sommer wurden dabei oft nicht nur geringfügig, sondern gleich um ein bis zwei Grad überschritten. An zahlreichen Stationen wurden außerdem neue absolute Temperaturrekordwerte seit Beginn der Messungen registriert. Der bisherige Temperaturextremwert für ganz Deutschland (40,2 °C am 27. Juli 1983, gemessen in Gärmersdorf bei Amberg) wurde mehrmals eingestellt und zwar am 9. August 2003 in Karlsruhe und am 13. August erneut in Karlsruhe und in Freiburg im Breisgau."

Wie der Deutsche Wetterdienst weiter mitteilte, ergaben sich auch neue Rekorde für die Anzahl klimatologischer „Sommertage" (Temperaturmaximum mindestens 25 °C) und klimatologisch „Heißer Tage" (Temperaturmaximum mindestens 30 °C): „Im Oberrheingebiet registrierte man bis zu 53 solcher heißen Tage und bis zu 83 Sommertage (Freiburg im Breisgau), das heißt nur an neun der 92 Tage des Sommers wurde kein Sommertag verzeichnet. Die anhaltenden Hoch-

Der Klimawandel erfasst auch das Münsterland

Gut behütet und beschirmt kommt man durch jedes Wetter. Doch in den vergangenen Jahren gab es viele extreme Wetterkapriolen in unserer Region.

Der Orkan „Kyrill" richtete vom 18. auf den 19. Januar 2007 Milliar-
denschäden in Deutschland an. Vor Münsters Schloss (links) stürzten
die Linden der Promenade reihenweise um. Dächer wurden beschädigt,
wie etwa am Franz-Hitze-Haus (oben), und Fahrleitungen gekappt.
Der Appelhülsener Bahnhof (S. 82 unten rechts) musste später abgerissen werden. Das verwehte Dach der Burgsteinfurter Bismarck-Grundschule beschädigte noch ein gegenüberliegendes Haus (unten).

Ein alter Spruch über Münster besagt: „Entweder es regnet oder die Glocken läuten. Wenn beides zutrifft, ist Sonntag!" Doch haben Stadt und Land gerade auch im April und Mai 2007 lange Trockenperioden erlebt.

druckwetterlagen führten auch zu deutlich überdurchschnittlicher Sonnenscheindauer und zu einem erheblichen Niederschlagsdefizit. Im Gebietsmittel von Deutschland war es der sonnenscheinreichste Sommer seit 1951 und der fünfttrockenste Sommer seit 1901."

Auch der Weltmeisterschaftssommer 2006 ist noch in bester Erinerung. Nicht nur, weil Deutschlands Kicker sich allen Erwartungen zum Trotz mit einem erfrischenden Offensiv-Fußball unter Jürgen Klinsmann bis auf den dritten Platz vorkämpften, sondern weil das Wetter in Deutschland das Fußballfest der Nationen sehr begünstigte und einen ungewöhnlich sonnigen und warmen Juni und Juli bescherte. Was Badegäste, Camper und Grillfreunde freute, betrübte die Bauern, denn durch die anhaltende Trockenheit nahm vor allem das Getreide Schaden.

Das Wetterjahr 2006 jedenfalls gehörte wie das Jahr 2003 zu den wärmsten Jahren seit 1901. Laut Informationen des Deutschem Wetterdienstes lag die Durchschnittstemperatur mit 9,5 Grad exakt 1,3 Grad höher als in den vorangegangenen Jahren. Das Jahr 2006 passe in das Bild einer allmählichen Erwärmung der Erdatmosphäre, auch wenn ein einzelnes Jahr keine Beweiskraft haben könne, so äußerten sich die Wetterexperten.

Im Verlauf des Jahres übrigens zeigte sich das Wetter von unterschiedlichsten Seiten: Während der Jahresbeginn sehr kalt war und an vielen Orten Schnee fiel, der auch katastrophale Zustände herbeiführte (so stürzte Anfang Januar 2006 eine Eishalle in Bad Reichenhall unter der Last des Schnees ein und begrub viele Menschen unter sich), setzte pünktlich zum Beginn der Fußball-WM im Juni sommerliches und warmes Wetter ein. Der Juli war dann der heißeste und sonnigste Einzelmonat seit Beginn regelmäßiger Aufzeichnungen im Jahr 1901. Schließlich registrierte der Deutsche Wetterdienst noch den mit Abstand wärmsten Herbst seit über hundert Jahren. Bis in den Januar 2007 herrschten überaus milde Temperaturen vor. Im Münsterland gab es praktisch keinen Frost, in bestimmten Regionen fiel das Thermometer bis Mitte Januar gar nicht unter null Grad. Bis zum Dreikönigstag 2007 fiel im Münsterland keine einzige Schneeflocke, was die Weihnachts- und Winterstimmung nicht gerade steigerte. Münsterländer zeigten sich in einer Umfrage im Januar 2007 teilweise besorgt über den Klimawandel. Zu allem Überfluss zog dann am 18. Januar 2007 mit „Kyrill" einer der stärksten Orkane der vergangenen Jahrzehnte über Deutschland hinweg und verursachte einen Milliardenschaden. Ein Grund mehr, auch im Münsterland wieder verstärkt über den Klimawandel und seine zerstörerische Kraft zu sprechen.

Insgesamt wurden Deutschland und auch das Münsterland aber 2006 stärker von der Sonne verwöhnt als in vielen Jahren zuvor. Im bundesweiten Mittel wurden 1780 Sonnenstunden gezählt. Dies sind nach Informationen des Deutschen Wetterdienstes 116 Prozent des Mittelwertes von 1528 Stunden. Den Temperaturrekord des Jahres meldeten die Wetterdienste am 20. Juli: In Bernburg an der Saale in Sachsen-Anhalt schwitzten die Menschen bei 38,9 Grad. Die tiefsten Temperaturen gab es am Morgen des 12. Januar: Am Funtensee im Berchtesgadener Land in Bayern maß Metomedia, der Wetterdienst aus Bochum, an diesem Tag minus 37,7 Grad.

Geregnet hat es in weiten Teilen Deutschlands 2006 weniger als sonst, nur an der Nord- und Ostsee sowie im Schwarz-

Als Orkan „Kyrill" am 18. und 19. Januar 2007 im Münsterland tobte, halfen auch die stabilsten Regenschirme nicht weiter.

Im Münsterland wird's wärmer. Das bedeutet jedoch noch lange nicht, dass in jedem Sommer stabiles Badewetter ist. Der Hitze-Sommer 2003 ist noch in guter Erinnerung, und bei der Fußballweltmeisterschaft 2006 in Deutschland gab es ebenfalls über Wochen stabiles Sommerwetter.

wald fiel überdurchschnittlich viel Regen. Über alle Regionen Deutschlands gemittelt fielen rund 732 Liter pro Quadratmeter Niederschlag. Das sind 93 Prozent des Normalwertes von 789 Litern. Der nasseste Ort Deutschlands war laut Meteomedia die Station Feldberg-Feldbergerhof in Baden-Württemberg mit 1949 Litern pro Quadratmeter. Die dickste Schneedecke lag am 14. April auf der Zugspitze mit 4,20 Metern, gefolgt vom Brocken am 13. März mit 2,95 Metern. Im Harz pfiff auch der Wind am heftigsten: Am 8. Dezember maßen die Meteorologen auf dem Brocken eine Windgeschwindigkeit von 191 Stundenkilometern.

„Riesling vom Teuto und Kiwi statt Kartoffel", so titelten die Westfälischen Nachrichten in Münster am 3. November 2006 einen Artikel mit Expertenaussagen zur Klimaentwicklung im Münsterland. „Ziemlich sicher", so äußerte sich der münstersche Klimatologe Prof. Dr. Otto Klemm mit Blick auf die Zukunft, werde es im Münsterland wärmer: „Die Ökosysteme und damit die Landwirtschaft werden sich infolgedessen verändern." Kiwi statt Kartoffel, Aprikosen statt Äpfel, Wein statt Weizen? Wie die Landwirtschaft auf einen Klimawandel reagieren werde, könnten zwar die Forscher nicht vorhersagen. Bis zum Jahr 2100 jedenfalls werde es für den Wein an den Hängen des Teutoburger Waldes reichen. Dafür spreche jedenfalls, dass das Münsterland von der Klimaerwärmung überproportional betroffen sei. Während die Temperatur global im Durchschnitt während der vergangenen 50 Jahre um 0,6 Grad gestiegen sei, weise Münster sogar rund 1,5 Grad Temperatursteigerung im Schnitt auf. Liegt Münster in 100 Jahren vielleicht am Nordseestrand? Dieses kuriose oder auch Furcht erregende Szenario wollte der Geophysiker Prof. Dr. Manfred Lange bei dem Expertentreffen der Klimatologen in Münster im Kontext der Weltklimakonferenz von Nairobi nicht an die Wand malen. Die Nordsee werde um „einzige Dezimeter" ansteigen, das sei eine Größe, auf die sich die Niederlande beim Deichbau bereits vorbereitet hätten.

„Die Fieberkurve steigt", so titelten die Westfälischen Nachrichten am 21. November 2006 einen weiteren Wetter- respektive Klimabericht für die Region. Erstmalig sei es nun statistisch belegt: „In Münster wird es immer wärmer – aber auch immer nasser."

Mit seiner Diplomarbeit, die er im Sommer 2006 bei Prof. Dr. Otto Klemm am Institut für Landschaftsökologie der Universität Münster eingereicht hat (Titel: „Entwicklung des Klimas in Münster"), bringt es Christoph Böwer auf den Punkt: „Der Klimawandel kommt nicht, in Münster ist er längst da!" Was Böwer herausgefunden hat, ist durchaus dramatisch. Tausende Münster-Daten seit Beginn zuverlässiger Messungen im Jahre 1891 bis 2005 hat der 26-Jährige ausgewertet. Ergebnis: In Münster ist es in den vergangenen Jahrzehnten immer wärmer und immer feuchter geworden. Seit 1955, so Böwer, sei in Münster die Temperatur um 0,026 Grad pro Jahr angestiegen. Das entspreche in einem Zeitraum von 50 Jahren 1,3 Grad Celsius. Damit liege der Temperaturanstieg in Münster noch über dem weltweiten Mittelwert, wie bereits Prof. Klemm mitteilte. Mit üblichen klimatischen Schwankungen ist das alles nicht zu erklären, und Christoph Böwer unterstreicht: „Normalerweise vollzieht sich ein solcher Temperaturanstieg in Jahrtausenden." Veränderungen gab es auch bei den Niederschlagsmengen. Seit 1955 fiel pro Jahr und Quadratmeter fast ein Liter Regen mehr, das ist laut Böwer ebenfalls eine unglaublich schnelle Entwicklung. Mehr Sonnenstunden als früher, weniger Frosttage, an denen das Quecksilber nicht über 0 Grad steigt, mehr heiße Tage mit über 30 Grad Celsius. Das Klima in Münster ist nicht mehr das, was es einmal war. „Mehr als ein Grad wärmer in 50 Jahren", sagt Böwer, „das ist mit Sicherheit nicht normal, zumal ähnliche Entwicklungen rund um den Erdball im Gange sind." Zwei bis drei Grad mehr in den kommenden Jahrzehnten hält der junge Klimaforscher nicht für ausgeschlossen. Weitere heiße Sommer und über die Maßen milde Winter dürften sich in Zukunft anschließen. Böwer: „Das Wetter in Münster wird immer mediterraner." Wobei wir wieder beim Riesling am Teuto und bei den Kiwis an Stelle der Kartoffeln sind …

Im Schwimmbad, oder – wie es der Münsterländer sagt – beim „Plümpsen", kann man die Hitzegrade im Sommer noch am besten ertragen.

„Mein lieber Schwan!"

„Petra" macht
Münster und seinen
Aasee weltweit
bekannt

„Schwangucken" ist zwar noch kein volkskundlich verbrieftes Brauchtum im Münsterland. Dennoch: Ein ganz normaler schwarzer Schwan, der auf dem Aasee seine Kreise zog, schaffte etwas, was kein noch so kurioses Brauchtum über die Jahrhunderte und kein noch so ausgetüfteltes Marketing schaffen konnte. Er machte Münster 2006/2007 weltweit bekannt.

Der schwarze australische Schwan hieß zunächst „Schwarzer Peter". Er zeigte sich fasziniert von einem am Aaseeufer

Die ganze Welt staunt: Auf Münsters Aasee hat sich eine schwarze Schwänin in ein großes Schwanen-Tretboot verliebt.

vertäuten Tretboot in Schwanenform und umkreiste es mit schöner Beständigkeit. Medienprofis wissen mittlerweile, dass Tiergeschichten bei Zuschauern und Lesern bestens ankommen. Und nachdem die ersten Fotos und Geschichten geschrieben waren, kannte die mediale Lawine kein Halten mehr. In China rührte das Tierdrama Internet-Surfer zu Tränen, von Schottland aus wurde Bootsbesitzer Peter Overschmidt live im Radio nach dem Zustand des Schwans befragt. Schließlich stellte sich heraus, dass der Schwan eigentlich eine Schwänin war, und wurde fortan Petra genannt.

Wenn Petra ins Winterquartier in den Zoo zieht oder im Frühjahr zurück auf den See gebracht wird, sind Journalisten aus Nah und Fern mit ihren Kameras dabei.

Der münstersche Zoodirektor Jörg Adler weiß die Popularität des schwarzen Schwans zu nutzen. Viele Tierfreunde wollen „Petra" während der Wintermonate auch in seinem münsterschen Zoo-Quartier besuchen.

Schließlich schaltete sich im Herbst 2006 auch der münstersche Allwetterzoo ein, dessen Direktor Jörg Adler um keinen werbewirksamen Einfall verlegen ist. Zusammen mit einer Tierpflegerin pflanzte er sich in das Schwanen-Tretboot und geleitete „Petra" schön langsam und gemütlich über den gesamten Aasee bis zu seinem neuen Winterquartier im Allwetterzoo. Heerscharen von Fotografen und Journalisten fuhren auf kleinen Booten hinterdrein und berichteten von der Aktion lokal, überregional und wohl auch weltweit. Petra blieb dem weißen Tretboot treu. Er hätte sich, wie Zoodirektor Jörg Adler betonte, auch für sein angestammtes Revier näher an Münster entscheiden können. Doch dann wäre ja die schöne Liebesgeschichte vorbei gewesen. Während der Zeit im Winterquartier versuchten die Zoo-Mitarbeiter auch, Petra mit Artgenossen in Kontakt zu bringen, was jedoch misslang. Ende März 2007 waren wieder Heerscharen an Fotografen und Journalisten dabei, als Petra in Begleitung seines Schwan-Tretboots und unter Führung von Zoodirektor Jörg Adler wieder auf den Aasee zog. Obwohl es mit dem jungen Eisbären Knut in Berlin einen Medienkonkurrenten gibt, ist die schwarze Petra nicht vergessen. Mal sehen, wie viele Fortsetzungen dieser tierischen Seifenoper in Münster die Medien noch schreiben werden. Das hängt natürlich vor allem davon ab, wie lange Petra bei Kräften bleibt. Mittlerweile gibt es bereits Kinderbücher, T-Shirts, Poster und zwei Lieder über Schwan Petra und die merkwürdige Liebe zu einem Tretboot. So ist es halt: Die einen sind angesichts solcher possierlichen Geschichten aus dem Tierreich fasziniert, die anderen schütteln entnervt den Kopf ...

„Jetzt kommen die lustigen Tage"

D as Schuljahr neigt sich Mitte bis Ende Juni dem Ende zu. Das bange Warten auf die Zeugnisse beginnt. Denn das Sommerzeugnis ist gewissermaßen die Eintrittskarte in das nächste Schuljahr. Mancher traut sich vielleicht gar nicht mit dem „Jammerlappen" nach Hause. Doch längst gibt es in Kreisen und Gemeinden Telefonadressen, an die man sich wenden kann, wenn zu Hause dicke Luft herrscht. In den Grundschulen der Dörfer des Münsterlandes finden die Abschlussfeiern statt. Manchem Viertklässler ist gar nicht wohl dabei, wenn er die heimatlichen Gefilde verlässt und dann nach den Sommerferien zum Gymnasium nach Münster oder in die nächstgelegene Kreisstadt fahren muss. Doch sind mittlerweile sogar die kleineren Gemeinden des Münsterlandes wie Senden oder Nottuln mit allen weiterführenden Schulformen ausgestattet, so dass der Schulweg noch überschaubar bleibt. Jedes Jahr wieder nehmen auch die Kinder der Kindergärten Abschied vom ungetrübten Spiel, wohl wissend, dass nach den Sommerferien „der Ernst des Lebens" beginnt. Doch so ernst, wie man die Schule früher nahm, geht es dann doch nicht zu, und erfahrene Pädagogen kümmern sich um ihre neuen Schützlinge, so dass der Übergang ins schulische Leben in aller Regel ohne „traumatische" Erlebnisse vonstatten geht.

Sommer, Ferien und Festzeit im Münsterland

Endlich frei: Grundschulrektorin Ulrike Salisch und ihre Schülerinnen und Schüler der Albert-Schweitzer-Grundschule in Ahlen freuen sich über „schöne Zeugnisse" und den Beginn der Ferienzeit.

*Seite 92: Die „Abiturientia 2007"
des Borghorster Gymnasiums
stellt sich vor der „Penne" zum
Abschiedsfoto auf. Nun geht's hinaus in die weite Welt. Bis dahin
haben die Grundschüler aus Lee-
den noch Zeit. Sie stürmen mit
ihren Versetzungszeugnissen in
die Ferien.*

*Am Domplatz in Münster nimmt
Bischof Reinhard Lettmann am
„Guten Montag" den feierlichen
Fahnenschlag und Ehrentrunk
der münsterschen Bäcker-Gilde
und Konditoren-Innung entgegen. Alle drei Jahre erinnert diese Zeremonie im Juni an eine Legende. Beherzte Bäckergesellen
aus Münster sollen nämlich 1683
die Stadt Wien vor der Erstür-
mung durch die Türken gerettet
haben, weil sie Wind von einem
unterirdischen Gang bekamen.
Daraufhin schenkte der Kaiser
der Bäckerkompanie das Privileg
eines freien Tages. Die zurückge-
kehrten Bäcker machten aus diesem „Guten Montag" dann eine
feste Tradition für ihre Stadt.*

Der Sommer ist zugleich die Zeit der Schützenfeste. Auch
in den Dörfern und Städten des Münsterlandes wetteifern
Bürgerschützen oder die mehr kirchlich angebundenen ka-
tholischen Schützenbruderschaften um die Königs- oder gar
Kaiserwürde. Die Entstehung des Schützenwesens reicht in
Deutschland und dem benachbarten Ausland bis weit in das
Mittelalter zurück. Ursprünglich hatten Schützen im ganz
wörtlichen Sinne die Aufgabe, Haus und Hof in Kriegszeiten,
bei Seuchengefahren und Glaubensstreitigkeiten zu schützen.
Viele Städte und Landesherrn förderten solche Schutzgemein-
schaften. Doch es blieb über die Jahrhunderte nicht nur beim
Selbstschutz. Die Schützen übernahmen auch repräsentative
Aufgaben bei öffentlichen Festlichkeiten, wo sie als Ordnungs-
macht und schmückende Begleitung gleichzeitig auftraten.
Der Theologe und Volkskundler Manfred Becker-Huberti unterstreicht in diesem Kontext den engen Zusammenhang zwischen der häufig am Patronatsfest einer Kirche durchgeführten
Kirmes oder dem Kirchweihfest und dem Schützenwesen. Ge-

Die Appelhülsener Schützen ehren ihre Toten mit einer Kranz-
niederlegung (oben) und begeistern die Zuschauer am
Straßenrand mit ihren majes-
tätischen Reitern. In Sassen-
berg-Füchtorf darf sich der König bereits feiern lassen. Auch die
Damen stehen dort beim Schützenfest ihren Mann.

Für die Bürgerschützen aus Appelhülsen gehört der Gottesdienst zum festen Programm des Schützenfestes. Die Schützenbrüder aus Gröblingen/Velsen haben ihre Spazierstöcke zum Antreten mit bunten Sträußchen geschmückt. In Sassenberg zieht der neue Schützenkönig nebst Gefolge triumphierend über die Festwiese.

Die große Prozession zieht, vom Prinzipalmarkt kommend, zum Paulus-Dom, angeführt von den Dommessdienern und den Chargierten der katholischen Studentenvereine und -verbindungen. Auch münstersche Weihbischöfe und Vertreter der katholischen Ritterorden gehen in der Prozession mit (S. 97, unten). Vor allem in der Zeit des Nationalsozialismus und des mutigen Bekennerbischofs Clemens August Graf von Galen, der 1946 zum Kardinal erhoben und 2005 selig gesprochen wurde, war die traditionsreiche Prozession eine katholische Demonstration gegen das Neuheidentum der NS-Machthaber.

rade im katholischen Münsterland sind die historischen Schützenbruderschaften noch in besonderer Weise mit dem kirchlichen Brauchtum im Jahreslauf verbunden. Aber auch bei den bürgerlichen Schützenvereinen finden sich die traditionellen Rituale mit Antreten, Marsch zur Vogelstange, Königsschießen, Königsball und Kinderbelustigung. In den Dörfern und Städten des Münsterlandes haben sich zudem zahlreiche Unterabteilungen der traditionellen Schützenvereine gebildet, in denen sich zum Beispiel die jüngeren Schützen oder Junggesellen zusammenfinden. Allein in Münster ermitteln rund 30 Bruderschaften und Schützenvereine Jahr für Jahr im spannenden Wettkampf sogar einen Stadtschützenkönig. Auch ein Jungkönig und ein Kinderkönig werden „gekrönt".

Zu den großen traditionellen kirchlichen Großveranstaltungen in Münster während der Sommerzeit gehört die „Große Prozession". Es gibt überhaupt nur wenige Prozessionen in Westfalen, die auf eine so lange, ununterbrochene Tradition zurückblicken können wie diese. Als im Jahr 1382 über 8000 Ein-

wohner Münsters der Pest zum Opfer fielen und ein Jahr später bei einem verheerenden Brand Hunderte von Häusern in Schutt und Asche sanken, fassten Bürgerschaft und Geistlichkeit einmütig den Beschluss, von nun an regelmäßig eine Buß- und Bittprozession zu halten und um göttlichen Beistand gegen Katastrophen und Krankheit zu beten. In der Barockzeit wandelte sich die „Große Prozession" vom ursprünglichen Buß- und Bittgang mehr in eine triumphale Sakramentsprozession mit Glockengeläut und Böllerschüssen. In der Zeit des Nationalsozialismus und unter dem wegen seines mutigen Glaubenszeugnisses 2005 selig gesprochenen Bischof Clemens August Graf von Galen galt die Prozession als überwältigende Demonstration der Katholiken Münsters für ihre Treue zum christlichen Glauben. Nie zuvor und nie wieder nachher haben derart viele Menschen an der Prozession teilgenommen. Ihre heutige schlichte Form mit einzelnen Stationsgottesdiensten in den Altstadtkirchen und einer abschließenden Eucharistiefeier auf dem Domplatz oder im Dom nahm sie nach dem Zweiten Vatikanischen Konzil an. Ursprünglich fand die Prozession immer am Montag vor St. Margareta (13. Juli) statt; zur 1200-Jahr-Feier Münsters wurde sie im Jahre 1993 erstmals auf den Sonntag vorverlegt. Und beim 1200-jährigen Bistumsjubiläum 2005 wurde die Große Prozession am ersten Juli-Wochenende in einen großen Diözesantag mit rund 50 000 Gästen integriert.

Der 24. Juni, Fest des Täufers Johannes, markiert einen besonderen Wendepunkt im Jahr als Höhepunkt der hellen Jahreszeit. In der Pfarrkirche St. Johannes Baptist in Bösensell wird die Sandsteinfigur des Heiligen besonders geschmückt, viele Männer im Münsterland, die auf den Namen Johannes, Johann oder Hans hören, feiern Namenstag.

Seit 1977 wird Münster alle zehn
Jahre zum Anziehungspunkt für
Kunstfreunde aus aller Welt. Die
„Skulptur-Projekte" gelten als in-
ternational herausragende Prä-
sentation zeitgenössischer Kunst
im öffentlichen Raum. 1997
und 2007 wurden jeweils rund
eine halbe Million Besucher gezählt. Mehrere Hundert Journalisten, hier bei der Auftaktpresse-
konferenz 2007, berichten für alle
Mediensparten. Während Münsters Bürger die Eröffnung 2007
am Juridicum feiern, erklärt Ku-
rator Kasper König (r.) NRW-
Ministerpräsident Jürgen Rüttgers (M.) und Landesdirektor Dr.
Wolfgang Kirsch bei einem ersten
Rundgang die Objekte und Projekte. 33 Künstler waren 2007 in
Münster vertreten. Jeremy Deller
verteilte 54 Tagebücher an Klein-
gartenvereine, die diese in den
nächsten Jahren zu füllen haben.
Marko Lehanka schuf am Prinzipalmarkt eine „Blume für Münster", Guillaume Bijl am Aasee
eine „Archäologische Stätte" mit
ausgegrabenem Kirchturm.

Beim Bauernmarkt in Emsdetten ist auch dieser Kiepenkerl unterwegs.

Die Sommerferien bilden ganz ohne Zweifel die zentrale Zäsur im Laufe des Jahres. In Zeiten des Massentourismus scheint das Münsterland zuweilen wie ausgestorben, Staus auf den Autobahnen 1 und 43 und Passagierschlangen am Flughafen Münster-Osnabrück erinnern an die „mobile" Welt unserer Tage. Wer daheim bleibt, erlebt oft die ruhigsten Tage des Jahres, und auch die Zeitungsjournalisten sprechen während der Sommerferien gerne von der „Saure-Gurken-Zeit", in der halt nicht viel passiert. Doch auch für die Daheimgebliebenen bieten Städte und Gemeinden allerlei Sommervergnügen. Erinnert sei nur an den Dülmener Kultursommer, bei dem renommierte Straßentheater aus ganz Europa, mitunter auch aus Übersee, ihr Können auf dem Marktplatz vor dem Dülmener Rathaus präsentieren; oder an das Drachenfest in Münster, bei dem Freunde der luftigen Kunst ihre Windvögel in den Himmel steigen lassen. Auch die Heißluftballonfahrer nutzen die ruhigen Sommermorgen und Abende für ihre kleinen Luftsprünge über das Münsterland. Seit einigen Jahren macht die „Montgolfiade" wieder während des Monats August in Münster am Aasee Station. Wenn das Wetter mitspielt, und das ist leider nicht immer der Falle, sieht man am Abend 20 bis 30 Ballons aufsteigen, die einem „Fuchs" nachfahren. Wer in direkter Nähe dieses Leitballons landet, hat die Wettfahrt gewonnen. Alle zehn Jahre, wie zuletzt 2007, ziehen die Skulptur-Projekte Münster Kunstfreunde aus aller Herren Länder an. Sie wissen den Charme einer mittelalterlichen Stadt in Kombination mit moderner Kunst im öffentlichen Raum zu schätzen. Wobei die großen Auseinandersetzungen darüber, was Kunst eigentlich sei, zuletzt einem eher gelassenen, mitunter aber auch gleichgültigen Umgang mit ihr gewichen sind.

Die Sommerzeit ist auch die Zeit der Pättkestouren. Wie kaum eine andere Region in Deutschland verfügt das Münsterland über ein ausgeklügeltes Netz an Radwanderwegen, die an Wasserburgen oder sonstigen dörflichen Sehenswürdigkeiten vorbeiführen. Das Picknick im Grünen gehört zum Ausflug dazu, manche Routen, wie etwa der Emswanderweg, haben sich mittlerweile zu Klassikern unter den Fahrradfreunden entwickelt. Zu den schönsten Ausflugszielen gehören die Baumberge. Und wer einmal von Bösensell über Schapdetten zum Longinus-Turm in Nottuln gefahren ist, in Havixbeck die Ruhe des Kirchplatzes genossen oder im Stevertal leckeren Fisch gegessen hat, der fragt sich mitunter, warum so viele Menschen lieber in engen Betonburgen oder vollgepressten

Es gibt kaum eine schönere Zeit zum Heiraten als den Frühling oder den Sommer. Dieses Paar genießt in Emsdetten nach der Trauung die Fahrt im schmucken Cabriolet.

Swimmingpools auf Mallorca Urlaub machen, wo doch die Erholung direkt vor der Haustür im Münsterland beginnt.

Viele Münsterländer fragen sich mit einigem Recht, warum die Ferientermine zuweilen so früh, dann wieder so spät liegen. Der ewige Wechsel der Ferientermine hat im föderalen System der Bundesrepublik natürlich vor allem organisatorische Gründe. So vermeidet man Mega-Staus auf den Autobahnen. Auch die Tourismus-Branche schätzt es, wenn die Feriendomizile im Lande gleichmäßig belegt sind. Ein regelmäßigerer Ablauf der Jahre würde allerdings die Organisation der Halbjahre in Schule und Beruf durchaus erleichtern.

Anfang August jedenfalls ist die schöne Ferien- und Urlaubszeit vorbei, auf den Feldern läuft längst die Erntearbeit auf Hochtouren, die ersten Stoppelfelder erinnern schon an den Herbst. Zuweilen läuft der Sommer noch einmal zur Höchstform auf, doch in Zeiten der um eine Stunde vorgeschobenen Sommerzeit kann man die Tage, an denen es an den Schulen noch hitzefrei gibt, fast an einer Hand abzählen.

Seite 103:

Beim Reit- und Fahrturnier in Emsdetten gibt es wie auch in vielen anderen pferdebegeisterten Städten im Münsterland nicht nur guten Sport, sondern auch schöne Kutschen und Kostüme zu sehen. Überall laden auch, wie hier in Emsdetten, die Freiwilligen Feuerwehren zu Festen ein, um ihre rettende Arbeit der Öffentlichkeit zu präsentieren und den Nachwuchs zu begeistern.

Am 15. August feiert die katholische Kirche ihr höchstes Marienfest, die „Aufnahme Mariens in den Himmel", volkstümlich „Mariä Himmelfahrt" genannt. In der römischen Kirche wird der im Neuen Testament nicht direkt beschriebene Vorgang bereits seit dem 7. Jahrhundert gefeiert. Papst Pius XII. erklärte 1950 die „leibliche Aufnahme Mariens in den Himmel" zum festen Glaubenssatz. Damit wollte und will die Kirche unter anderem auf die Ganzheitlichkeit des Menschen mit Körper und Seele hinweisen, dem allgemeinen Nihilismus entgegentreten und dem Vorwurf der Leibfeindlichkeit begegnen. Vor allem im katholischen Süddeutschland ist das Fest mit einer Reihe von Bräuchen verbunden, etwa mit Prozessionen und Wallfahrten. Vielfach gibt es auch „Kräuterweihen": Feldblumen und Kräuter werden als Zeichen für die Schönheit der Schöpfung gesegnet und als Heilkräuter verwendet.

Das Fest Mariä Himmelfahrt ist in Nordrhein-Westfalen im Gegensatz zu Bayern oder Baden-Württemberg zwar kein staatlicher Feiertag mehr. Doch wenigstens in der bundesweit bekannten Pferdestadt Warendorf bildet dieses Fest einen zentralen Höhepunkt des Jahres. Eine ganze Woche lang feiern die Warendorfer dieses Fest. Die Festwoche beginnt mit Gottesdiensten zum Fest des Pfarr- und Stadtpatrons St. Laurentius und endet mit der Großen Stadtprozession durch neun große Marienbögen der Altstadt.

Der hl. Laurentius, Pfarr- und Stadtpatron von Warendorf, war Erzdiakon des Papstes Sixtus II. und erlitt den Berichten nach unter Kaiser Valerian am 10. August des Jahres 258 auf einem glühenden Rost den Martertod. Dieser Rost wurde sein Attribut, an dem der Heilige in den zahlreichen Darstellungen erkennbar ist. Sein Tag gehörte im Mittelalter zu den höchsten Festtagen. Das Martyrium auf dem glühenden Rost war der Anlass, den Heiligen in mancherlei Anliegen anzurufen. Laurentius wurde zum Patron vieler Berufe, die mit Feuer umzugehen haben: der Köche, Bäcker, Bierbrauer und auch der Feuerwehr. Für die Landwirtschaft ist der 10. August ein wichtiger Tag: So sind zahlreiche Wetterregeln und Vorschriften für die Ernte, für Winzer und Bienenzüchter bekannt, die mit dem Gedenktag des Laurentius in Verbindung gebracht werden.

Es ist eine gute Tradition, dass zum Fest Mariä Himmelfahrt auch das Sakrament der Krankensalbung gespendet wird. Dieses Sakrament, lange Zeit als „letzte Ölung" und damit als letzte Durchgangsstation vor dem Tod ein wenig in Verruf gekommen, erfreut sich neuerdings wieder größerer Wertschät-

zung und wird nun wirklich wieder als Stärkung der Kranken begriffen. Im Gottesdienst kommen hier auch die traditionellen Sträußchen zum Einsatz, die zu Mariä Himmelfahrt aus heimischen Heilkräutern von Schafgarbe bis zur Mariendistel und von Pfefferminze bis zur Zitronenmelisse gebunden werden.

Die Marienverehrung hat in der Stadt Warendorf eine lange Geschichte. Zahlreiche Darstellungen der Gottesmutter in der Stadt zeugen von der tiefen Marienfrömmigkeit der Bewohner über die Jahrhunderte. Einen Zielpunkt der Verehrung bildet das Gnadenbild der „Glorreichen Jungfrau von Warendorf" in der St. Laurentius-Kirche. Es handelt sich um eine bekleidete Figur der Madonna im goldenen Strahlenkranz, die seit dem Jahre 1752 Mittelpunkt der Verehrung zum Fest Mariä Himmelfahrt ist. Damals erwuchs aus der Dankbarkeit für unerklärliche Heilungen und Hilfe in tiefster Not die Tradition, der Gottesmutter Maria in besonderer Weise zu danken.

In der Festwoche von Mariä Himmelfahrt errichten und schmücken die so genannten Warendorfer Bogengemeinschaften in der Altstadt zu Ehren der Gottesmutter neun große Bögen, unter denen sich am Samstagabend Tausende von Pilgern aus dem Münsterland und auch weiter entfernten Regionen zur Lichterprozession versammeln. An diesem Abend ist

Linke Seite: Heißluftballons starten in den in den frühen Sommerabendstunden vom Aasee aus zu einer Fahrt über das Münsterland. Diese Montgolfiaden mit 20 bis 30 Ballons bieten im Hochsommer schöne Farbtupfer am Münsterlandhimmel. Auf dem Flughafen Münster-Osnabrück tummeln sich die Ferienflieger. Reiseziele am Mittelmeer stehen auch für die Menschen aus dem Münsterland auf der Beliebtheitsskala ganz oben.
Die Kreisstadt Warendorf (oben) schmückt sich zum 15. August, dem Fest Mariä Himmelfahrt, mit großen Lichter-Bögen.

die Stadt Warendorf wie verwandelt durch Lichter, Blumen und Fahnen, durch Marienbilder in den Kirchen und Häusern. Überall in den Hauseingängen stehen Kapellen und spielen Marienlieder. Zum Abschluss der Feiern am Sonntag nimmt die Große Stadtprozession ihren Weg unter den Bögen und endet auf dem Marktplatz, der am Abend Schauplatz für den großen Zapfenstreich der Bürgerschützen ist. Sie feiern im Anschluss an das kirchliche Fest ihr alljährliches Schützenfest.

Wie heißt es so schön und auch sinnfällig auf einer der Internetseiten der Warendorfer Kirchen: „Was fasziniert uns am Samstagabend in der lichterfüllten Stadt? Wir suchen Licht in unserer Dunkelheit – Maria ist Leuchte und Trost in der nächtlichen Fahrt, Stärke der Christen und hell leuchtender Stern! Und die Große Stadtprozession am Sonntagmorgen? Christus und seine Mutter Maria sind mit uns auf unserem Pilgerweg durch diese Welt, sie sind bei uns auf den Straßen unseres Lebens. Wir sind nicht allein! Es ist ein Geschenk dieses wunderbaren Warendorfer Festes, des Heimatfestes Mariä Himmelfahrt, dass es die Wurzeln unseres Glaubens sichtbar werden lässt. Es stärkt unseren Glauben und schenkt uns Hoffnung und Trost für unseren Alltag." Wie man sieht: An vielen Stellen des Münsterlandes ist der Himmel der Erde etwas näher als vielleicht anderswo.

Linke Seite: Noch ein Blick auf das mit Bögen und Lichtern geschmückte Warendorf, das zum Fest Mariä Himmelfahrt viele Tausend Menschen aus dem Münsterland zu Gottesdiensten, Prozessionen und zum stillen Flanieren einlädt (oben). Kirmesatmosphäre herrscht Anfang September auf dem Mariä-Geburtsmarkt in Telgte, wo man Pferde streicheln, aber auch per Handschlag erwerben kann (unten).
Seite 107: Bei der „Night of the Proms" im Burgsteinfurter Bagno geht es bei symphonischer Musik sehr britisch zu.

Volksfeststimmung herrscht beim Münster-Marathon im September. Das Lauf-Spektakel hat sich längst zu einem großen Volksfest mit buntem kulturellem Einschlag entwickelt. Der Kenianer Maru Shadrak läuft 2006 unter über 3500 Startern als Erster ins Ziel ein.

Münsters Marathon lockt auch Stars an, so zum Beispiel den Schauspieler Heinrich Schafmeister, der in einer Prominentenstaffel mitlief. Fleißige Helfer halten an der Laufstrecke Orangenviertel zur Erfrischung und Stärkung bereit. Am Prinzipalmarkt warten die Zuschauer gespannt auf den Zieleinlauf.

„Kinder kommt runter, Lambertus ist munter!"

Manche Dinge, Personen und Bräuche verbindet man fast ausschließlich mit Münster und dem Münsterland. Nein, es geht nicht um den Kiepenkerl, auch nicht um jenes merkwürdige Fleischgeschnipsel, das man Töttchen nennt, auch nicht um den Kiepenkerl, der ohnehin mehr nach Mettingen zu den Tödden gehört als nach Münster. Nein, die Rede ist vom Lambertussingen, das jährlich Mitte September um das Namensfest des hl. Bischofs Lambertus (18. September) stattfindet. In den vergangenen 150 Jahren hat es sich vom derben Gesellengelage zum fröhlichen Kinderfest mit Laternen und geschmückten Pyramiden gewandelt.

Ein Gestell aus Zaunlatten, ein bisschen Staudengrün und ein paar bunte Laternen, schon ist die schönste Lambertuspyramide fertig.

Lambert, genannt Lambert von Maastricht, wurde Mitte des 7. Jahrhunderts geboren, von seinem Onkel Theodard erzogen und um 670/672 dessen Nachfolger als Bischof in Maastricht. 675 wurde er vom Hausmeier Ebroin verbannt und lebte fortan sieben Jahre im Kloster Stablo. Nach dem Sturz Ebroins konnte er unter Pippin dem Mittleren wieder nach Maastricht zurückkehren. Bischof Lambert widmete sich nun vor allem der Erneuerung des kirchlichen Lebens in seinem Bistum und der Verkündigung des Glaubens in Nordbrabant. Als Lambert gegen den Grafen Dodo die Rechte der Kirche verteidigte, wurde er von diesem am 17. September 705 ermordet. Die Gebeine Lamberts wurden um 715 von Maastricht nach Lüttich übertragen. Im dortigen Dom ist sein Grab zu sehen. Im deutschen Regionalkalender sowie in den Bistümern Aachen, Freiburg und Luxemburg, aber auch im Bistum Münster, wird das Gedächtnis Lamberts am 18. September begangen. Früher war der Namenstag einen Tag eher, an Lamberts Todestag.

Lambert von Maastricht wird dargestellt in bischöflicher Messkleidung. Ein Kopfreliquiar des Bischofs findet sich im Freiburger Münster. Um den Bischof rankte sich schnell ein weitgefächertes Brauchtum (Lambertussingen, Lambertilichter, Lambert-Tanz). Lambert von Maastricht ist Patron des Bistums Lüttich, der Stadt Freiburg, der Bauern, Chirurgen, Bandagisten, Zahnärzte und wird auch noch in weiteren Bistümern besonders verehrt. Welche Bedeutung der Bischof von Maastricht im hohen Mittelalter hatte, zeigt sich auch an den zahlreichen Lambertus-Patrozinien im Bistum Münster. Lambertikirchen und -gemeinden gibt es in Münster, Coesfeld, Ascheberg, Hoetmar oder Walstedde.

Volkskundlich betrachtet kommen beim Lambertussingen in Münster und im Münsterland vermutlich mehrere Traditionsströme zusammen. Da war zum einen das Fest des beliebten Heiligen, zum anderen wurden Mitte September in den Häusern wieder die Lampen angezündet, da die dunkle Jahreszeit bevorstand. Von daher wäre zu erklären, warum das Lambertussingen mit bunten Laternen oder Lampions gefeiert wird.

Viele Grundschulen oder Kindergärten haben in den vergangenen Jahren das Lambertussingen wiederentdeckt. Neues Liedgut fand Einzug in das bunte Treiben, doch vielerorts sind den Mitfeiernden die Lieder nicht mehr bekannt, so dass das Singen zumeist Sache einiger „Eingeweihter" bleibt. In der Familie des Autors wurde das Lambertussingen jeweils an drei Abenden um das Namensfest des Heiligen für die Straße „Im Sundern" in Münster-Mariendorf gefeiert. In den Tagen zuvor wurde die Pyramide, ein Gestell aus drei langen Zaunlatten sowie einer in der Mitte angebrachten Fahrradfelge mit Speichen zum Befestigen der Laternenstöcke, aufgestellt und mit Staudengrün aus dem Garten umwickelt. Gegen 19 Uhr wurde es in den 60er und 70er Jahren dunkel, es gab noch keine Sommerzeit. Dann zog man mit Laternen durch die Straße und rief dabei: „Kinder, kommt runter, Lambertus ist munter!" Manchmal war man auch etwas übermütig und skandierte: „Kinder bleibt oben, 's ist alles gelogen!" An der Pyramide auf der heimischen Wiese angekommen, bildeten sich zwei oder gar drei Kreise. Beim Absingen der Lieder gab es eine feste Reihenfolge: Meistens ging es los mit dem Lied „Guter Freund, ich frage dir", was mit seiner falschen Grammatik auf plattdeutschen Ursprung hinweist. Weitere Lieder hießen: „Dumme Liese, hole Wasser", „Der Herr, der schickt den Jäger aus" oder „Der Edelmann, der ging zum Tor hinaus". Dieses Spiel mit dem tödlichen Streit zwischen einem Edelmann und einem Schäfer wurde szenisch dargestellt, wobei wir Kinder, mit Regencapes bekleidet, die Schäfchen spielten. Höhepunkt des Treibens war das Spiel „O Buer, wat kost dien Hei", bei dem ein Bauer seinen „Hofstaat" – von der Frau über den Knecht bis hin zum Pottlecker – aus dem Kreise der Umstehenden aussucht und zum Abschluss „'nen Schubs" kriegt. Der Lambertus-Abend endete stets mit dem Lied „Kein schöner Land". Dabei fasste man sich noch einmal an den Händen und wünschte sich abschließend eine „Gute Nacht". Nach drei Abenden waren auf dem Rasen drei dunkle, flachgetretene Kreise vom stetigen Umhergehen zu sehen.

Dumme Liese, hole Wasser,
hole Wasser, dumme Liese,
hole Wasser, du dumme Liese,
dumme Liese, hole Wasser!

Womit denn, lieber Heinrich,
lieber Heinrich, lieber Heinrich;
womit denn, lieber Heinrich,
lieber Heinrich, womit?

Mit'm Pott, du dumme Liese …

Wenn der Pott aber nun ein Loch
hat … lieber Heinrich, was dann?

Stopf es zu, du dumme Liese …

Womit denn, lieber Heinrich …

Mit Stroh, du dumme Liese …

Wenn das Stroh aber zu lang ist …

Schneid's ab, du dumme Liese …

Womit denn, lieber Heinrich …

Mit'm Beil, du dumme Liese …

Wenn das Beil aber zu stumpf ist …

Mach es scharf, du dumme Liese …

Womit denn, lieber Heinrich …

Mit'm Schleifstein, du dumme Liese …

Wenn der Schleifstein aber zu trocken ist …

Mach'n nass, du dumme Liese …

Womit denn, lieber Heinrich …

Mit Wasser, du dumme Liese …

1. Guter Freund, ich frage dir,
bester Freund, was fragst du mir?
Sag mir, was ist eins?
Einmal eins ist Gott allein,
der da lebt und der da schwebt
im Himmel und auf Erden!

2. Guter Freund, ich frage dir,
bester Freund, was fragst du mir?
Sag mir, was ist zwei?
Zwei Tafeln Moses,
einmal eins ist Gott allein ...

3. Guter Freund, ich frage dir ...
Sag mir, was ist drei?
Drei Patriarchen, zwei Tafeln Moses,
einmal eins ist Gott allein ...

4. Guter Freund ...
Sag mir, was ist vier?
Vier Evangelisten, drei Patriarchen,
zwei Tafeln Moses, einmal eins ...

5. Guter Freund ...
Sag mir, was ist fünf?
Fünf Gebot der Kirche,
vier Evangelisten ...

6. Guter Freund ...
Sag mir, was ist sechs?
Sechs Krüge mit rotem Wein,
die schenkt der Herr zu Kana ein,
zu Kana in Galiläa,
Städtchen in Judäa.

(Dieses alte Zahlenlied hat
insgesamt 12 Strophen.)

Ein Blick in die Geschichte: Schon in das Jahr 1781 datiert ein erster Bericht über das Lambertusfest, das in Münster offenbar als ein Höhepunkt im Wechsel der Jahreszeiten galt und bis spät in die Nacht gefeiert wurde. „Unter Lichterkränzen und um auf der Straße aufgestellte Kerzen fand ein buntes Treiben statt, bei dem man mit ein bisschen Glück auch einen Partner fürs Leben finden konnte. Zwischen 1810 und 1830 kam dann die mit Grün geschmückte Lambertuspyramide auf", erklärt Christiane Cantauw, Volkskundlerin beim Landschaftsverband Westfalen-Lippe. Obwohl das Liedrepertoire und die Tanzspiele wechselten, wusste man doch offenbar ganz genau, welche Lieder wirkliche Lambertuslieder waren. Im Jahre 1825 etwa beklagte sich ein Gerichtsdiener mit Namen Borgmann, dass auch brauchfremde Lieder zum Lambertusfest gesungen wurden, wie der Volkskundler Dietmar Sauermann in einem Fachaufsatz schildert.

Wie so oft bei traditionellen Bräuchen lief auch das Lambertussingen in früherer Zeit offenbar aus dem Ruder. Um 1850 versuchte die Obrigkeit in Münster, die Probleme in den Griff zu bekommen und ordnete an: „Das Aufstellen der Pyramiden in engen und häufig befahrenen Straßen ist verboten; ebenso lautes Schreien und Rufen und das Absingen unanständiger Lieder." Das Fest war damals besonders im Kreise der Mägde und Arbeitergesellen sehr beliebt. Als die nächtlichen Ruhestörungen und die Alkohol-Exzesse in den Augen der Obrigkeit Überhand genommen hatten, verbot sie das Lambertussingen 1873. Der Brauch verschwand ganz aus dem öffentlichen Leben wurde aber in kleinem Kreis in Vereinen und Nachbarschaften weiterhin gepflegt. „Mit dem Aufschwung der Heimatschutzbewegung wuchs das Interesse an Bräuchen und damit auch am Lambertusfest, das man nun als harmloses Kinderspiel mit heimatlichem Charakter und vor allem auch als schützens- und erhaltenswerten Brauch begriff. Als sichtbares Zeichen für die neue Wertschätzung des Lambertusspiels wurde 1909 der Lambertibrunnen auf dem Prinzipalmarkt errichtet", zeichnet Cantauw die Geschichte des Lambertussingens nach.

Auch im Umland fand der Brauch in dieser Zeit Nachahmung. Unter der Bezeichnung „Lambertussingen" oder „Käskenspiel" breiteten sich die überlieferten Lieder und Kreisspiele auch in Altenberge, Rheine, Greven und Coesfeld aus. Im Laufe der Zeit wurden immer mehr Kinder und ihre Eltern zu den Brauchträgern. Um 1930 war der Lambertusbrauch in

13 Dörfern und Städten rings um Münster bekannt. Erst nach dem Zweiten Weltkrieg nahm das Lambertus-Brauchtum auch um Münster herum sprunghaft zu, was der Volkskundler Dietmar Sauermann mit der Evakuierung vieler Münsteraner ins Umland begründet. Heimatvereine nahmen das Brauchtum dankbar auf, Kindergärten und Schulen ebenfalls. So gehört heute eigentlich Jahr für Jahr das Lambertussingen in Münster und im Münsterland zum festen Jahreslauf. Neue „Bewegungslieder" wie „Laurentia" kamen hinzu und bringen Bewegung in die Szenerie. Doch häufig hapert es an den Liedtexten. Es hat deshalb viel für sich, wenn die Kindergärten und Schulen die traditionellen Lieder auch richtig einüben. Denn die ausgeteilten Liederzettel helfen bei Anbruch der Dunkelheit kaum jemandem weiter.

Am Prinzipalmarkt vor der Lambertikirche am Lambertibrunnen steht sozusagen die Mutter aller Lambertuspyramiden des Münsterlandes. Mit der Quetschkommode begleitet dieser frohe Musiker die traditionellen Lieder.

„Das Land gab seinen Ertrag"

Erntedankfeiern in Westfalen

Wieder war der Sommer groß und ertragreich, brachte Feldfrüchte und prächtige Blumen hervor. Es gibt viele Gründe, dankbar zu sein.

Für das anscheinend Selbstverständliche zu danken, fällt den Menschen unserer Tage schwer. Angesichts voller Supermarktregale mit riesigen Mengen an Grundnahrungsmitteln, aber auch mit den raffiniertesten Köstlichkeiten für Zunge und Gaumen kommt es dem Zeitgenossen kaum in den Sinn, dass sogar noch die eigenen Eltern in Zeiten von Krieg und Gefangenschaft bitterste Not und vor allem Hunger gelitten haben. Wer zumindest mit offenen Augen und Ohren die Nachrichtensendungen verfolgt, der wird bemerken, dass nur wenige Flugstunden entfernt Tausende Menschen, vor allem Kinder, dem Hungertod ausgeliefert sind, weil es am Nötigsten fehlt. Geradezu zynisch ist es dann, dass hierzulande Lebensmittel vernichtet werden, nur um im Zweifelsfall den Preis zu stützen.

Die Kirchen erinnern mit dem Erntedankfest daran, dass es nicht selbstverständlich ist, genug zu essen zu haben. Seit jeher verstehen auch außerchristliche Religionen Früchte, Getreide und Wein als Gaben des Schöpfers. Mancher könnte heute meinen, eine gute Ernte sei letztlich nur das Produkt eines hocheffizienten Einsatzes von Maschinen, Kunstdünger und Know how. Doch nur ein plötzlicher Frost, eine Überschwemmung oder eine Trockenperiode können alle Bemühungen der Landwirtschaft zunichte machen, in Zeiten des Klimawandels sind das keine nur herbeigeredeten Schreckensszenarien.

Die evangelischen Christen verbinden heute den Michaelistag am 29. September mit dem Erntedank, in den katholischen Gemeinden wird in der Regel am ersten Oktobersonntag Erntedank gefeiert. Getreideprodukte, Gemüse, Obst und Blumen schmücken dann in kunstvollen Gebinden und Arrangements die Stufen des Altars. Sie dokumentieren, dass die Ernte in der Regel wieder einmal üppig ausgefallen ist. Zusammen mit den Kirchen feiert auch der Westfälisch-Lippische Landwirtschaftsverband Erntedank, in gemeinsamen Gottesdiensten oder Gesprächsforen spricht man nicht nur über die Ernte, sondern auch über die Rahmenbedingungen, unter denen Landwirte heute leben und arbeiten.

Bei einem der jüngsten Erntedankfeste kam zum Beispiel in Westfalen zur Sprache, dass manche Schleuderpreise bei Lebensmitteln ein Skandal sind. Denn das, was das Leben erhält und fördert, darf nicht einfach nur billig sein, sonst wird es

häufig gering geschätzt. Es sei ein Skandal, so äußerte sich etwa der westfälische Bauernpräsident Franz-Josef Möllers, dass Milch im Durchschnitt billiger sei als Wasser. Oder dass bestimmte Lebensmittel wie Butter von einer großen Lebensmittelkette unter dem Einkaufspreis verkauft werde, um Kunden zu locken. Voraussetzung dafür, Lebensmittel in ihrem Wert zu erkennen, ist nach Überzeugung von Alfred Buß, dem Präses der Evangelischen Kirche von Westfalen, Lebensmittel als Gabe zu begreifen – „sonst sehe ich dahinter keinen Geber mehr." Landwirtschaft sei eben etwas anderes als die „Erzeugung" von Lebensmitteln, Tiere bedeuteten etwas anderes als „Material": Als Lebewesen gehörten Pflanzen und Tiere zu Gottes Schöpfung, betonte der leitende Theologe der Evangelischen Kirche von Westfalen. Korn sei ein Symbol für das absolut Lebensnotwendige. Der Gipfel der Gedankenlosigkeit ist in unserer heutigen Welt offenbar spätestens dann erreicht, wenn Fachleute anregen, Korn auch als Verbrennungsmaterial für die Energiegewinnung zu nutzen.

Was tun? Die Pädagogik könnte Begegnungen mit der Landwirtschaft ermöglichen, meinte Erzbischof Hans-Josef Becker aus Paderborn. Der Ort der hier beschriebenen Erntedank-Veranstaltung, die Katholische Landvolkshochschule Hardehausen, bot ein verheißungsvolles Beispiel dafür: Hier können Kinder einige Zeit im Jugendbauernhof verbringen. Die große Nachfrage spricht für starkes Interesse.

Zum Gottesdienst liegen in der Pfarrkirche St. Johannes Baptist in Bösensell vielerlei Früchte und Blumen auf den Altarstufen. Father Joseph aus Senden sieht es mit Freude.

Die Zeit des Erntedank ist für das Münsterland und für Westfalen auch kulturell wichtig. Die westfälischen Freilichtmuseen bieten zumeist Sonderprogramme an, um in die bäuerliche Lebenswelt einzutauchen. Im Mühlenhofmuseum in Münster zum Beispiel werden Erntedankgottesdienste in plattdeutscher Sprache gefeiert. Hier kommen auch noch die alten Dreschflegel zum Einsatz, mit denen früher in mühevoller Handarbeit die Körner aus den Ähren gedroschen wurden.

In alter Zeit war es durchaus üblich, dass jeder größere Hof und jedes Gut sein eigenes Fest zum Abschluss der Ernte ansetzte. Wenn das Getreide eingebracht war, wurde gemeinsam mit dem Gesinde und den Erntehelfern kräftig gefeiert, gegessen und getrunken. Ursprünglich wurde das Erntedankfest auf Michaelis (29. September) gefeiert. Später wurde das Fest dann auf den darauf folgenden Sonntag verschoben. Seit 1773 war dieser Termin in den preußischen Staaten verbindlich, wie die Volkskundliche Kommission für Westfalen in Münster erklärt.

Im Münsterland wurde das Erntedankfest übrigens auch „Stoppelhahn" genannt. Je nach Region schmückten die Schnitter die Erntewagen nämlich mit unterschiedlichen Symbolen: Weit verbreitet war der Erntehahn, der meist auf einem aus Ähren geflochtenen Kranz oder einer Krone thronte (Nord- und Ostwestfalen). In der Hellweg-Region und im südöstlichen Münsterland diente ein grüner Busch, im westlichen Münsterland ein Nussstrauch als Festzeichen. Oft wurden diese Symbole zum Ende der Schnitterarbeit auf dem Feld aufgestellt und dann mit dem letzten Getreidefuder durch den Ort zum Hof oder Gut gefahren. Auf dem Hof angekommen, befestigten die Erntehelfer Kränze, Kronen oder Sträucher am Giebel des Haupthauses. Gutes Essen, alkoholische Getränke sowie Musik und Tanz begleiteten den Festabend.

Am Michaelistag, an dem früher Erntedank gefeiert wurde, endete dann auch das eigentliche Wirtschaftsjahr. Die Zahlungen an das Gesinde wurden fällig. Manche Mägde oder Knechte wechselten dann den Arbeitgeber. Auch Heische-Umzüge sind aus der alten Zeit bekannt, so etwa aus Sassenberg im Kreis Warendorf. Die Lieder hatten nach Auskunft von Volkskundlerin Christiane Cantauw durchaus Ähnlichkeit mit Martinsliedern, für die umherziehenden Kinder und Jugendlichen gab es dann an den Haustüren Obst.

Gegen Ende des 19. Jahrhunderts wurden die Feste in einigen Regionen größer. Ganze Nachbarschaften und Dörfer feierten, mitunter gab es auch Erntedank-Umzüge. Mit dem auf-

Auch im Mühlenhofmuseum in Münster wird nach altem Brauch Erntedank gefeiert, meistens mit Andachten in plattdeutscher Sprache. Mitunter wird dort auch noch von Hand gedroschen.

kommenden Vereinswesen bürgerten sich Erntedankbälle ein. Die eine oder andere große Strohpuppe auf den Feldern lädt heute noch zu Landjugendfestivitäten ein. Ansonsten ist das Erntedankbrauchtum in einer weitgehend industrialisierten Landwirtschaft heute doch mehr und mehr auf die Kirchen übergegangen, wobei im katholischen Münsterland, eigentlich aber auch in ganz Westfalen die Verbindungen zwischen der ländlichen Bevölkerung und den christlichen Kirchen traditionsgemäß sehr eng sind. Dies zeigte 2005 ein gemeinsamer Erntedank-Aufruf des Westfälisch-Lippischen Landwirtschaftsverbands, der Bistümer Paderborn und Münster sowie der Evangelischen Kirche von Westfalen und der Lippischen Landeskirche. Darin hieß es unter anderem: „Die Achtung vor der Schöpfung verlangt von allen Menschen den respektvollen Umgang mit der Natur und ihren Gaben. Sie ist eine zentrale Voraussetzung für die anhaltende Fruchtbarkeit und Gesundheit des Bodens und des Viehs, der Grundstein für all das, was heute als nachhaltiges Wirtschaften bezeichnet wird. Die Landwirte und ihre Familien in Westfalen-Lippe fühlen sich der Schöpfung verpflichtet. Sie bewirtschaften ihre ererbten Höfe in der Hoffnung und der Verantwortung, diese eines Tages an den Sohn oder die Tochter weitergeben zu können, wie es das traditionelle Selbstverständnis der Bauern verlangt.

Wofür unsere Vorfahren Wochen brauchten, erledigt der mächtige Mähdrescher heute in wenigen Stunden. Im Hintergrund sind die Bettentürme der Universitätskliniken Münster zu sehen.

Alfred Lüthardt aus Münster erntet in seinem Garten in Münster nicht nur dicke Kürbisse, sondern auch Kiwis.

Der schonende Umgang mit den natürlichen Ressourcen Boden, Wasser und Luft, das nachhaltige Wirtschaften in einer über die Jahrhunderte gestalteten Kulturlandschaft, ist hierfür die Basis."

Weiter hieß es: „Unsere Nahrungsmittel in Deutschland sind heute preiswerter denn je. Nie zuvor mussten die Menschen weniger Geld ausgeben für die Ernährung ihrer Familien mit qualitativ hochwertigen Lebensmitteln. Der gewaltige Produktivitätsfortschritt unserer heimischen Bauern in den letzten Jahrzehnten, ein immer stärker liberalisierter Weltagrarmarkt und ein mit unverminderter Härte geführter, gnadenloser Preiskrieg im Lebensmitteleinzelhandel sind hierfür die wesentlichen Gründe. Unsere Bauern stellen sich diesem harten Wettbewerb, der durch die jüngsten Reformen in der Agrarpolitik noch weiter an Schärfe gewonnen hat. Trotz mancher Hilfe des Staates müssen heute Jahr für Jahr fast vier Prozent unserer Betriebe für immer die Tore schließen, da sie der starken Konkurrenz ausländischer Billigkonkurrenten nicht mehr gewachsen sind."

Verbraucher und Politik müssten dabei helfen, die Zukunft der heimischen Landwirtschaft und der in ihr arbeitenden Menschen zu sichern, hieß es abschließend: „Um unsere heimische Landwirtschaft in der Fläche zu erhalten und ihr eine Zukunft zu geben, braucht sie die Unterstützung durch Gesellschaft und Politik. Als Verbraucher müssen wir uns mehr zu unseren Landwirten und den von ihnen erzeugten Produkten bekennen. Durch unseren Lebensstil, unser tagtägliches Kaufverhalten entscheiden wir selbst über die Zukunft unserer Bauern und unserer ländlichen Räume. Unsere Bauern brauchen den Rückhalt und die Anerkennung der Menschen in Stadt und Land für ihre verantwortungsvolle Arbeit mit und in der Natur." Es scheint so, dass die Landwirtschaft jetzt wieder von einer Phase großer Nachfrage an qualitätvollen Lebens- und Nahrungsmitteln profitiert. Viele Bauern verstehen sich in der Zeit des Klimawandels jedoch auch als Energiewirt. Diese Umstellung freilich wird, wie bereits erwähnt, weiterhin ethische Diskussionen auslösen, wenn Pflanzen, die eigentlich als Futter oder Nahrungsgrundlage für den Menschen dienen sollen, nun zur Produktion von Wärme oder Strom verbraucht werden.

Novembernebel und Ewige Lichter

Manchen Zeitgenossen reicht es offenbar nicht mehr, die traditionellen, althergebrachten Feste zu feiern. Ob es nun das Lambertus- oder das Martinsfest ist, an dem Laternen und Lichter und wohl auch ausgehöhlte Kürbisse zum Einsatz kommen. Angesicht einer sich verweltlichenden Kultur, die sich ihrer christlichen Wurzeln nicht mehr bewusst ist, kommen auch Feste wie der Reformationstag am 31. Oktober oder Allerheiligen am 1. November bei der nachwachsenden Generation offenbar nicht mehr wie selbstverständlich vor. Stattdessen übernimmt man weitgehend kritiklos die Trends und Modeerscheinungen anderer Länder und Kulturen. Ein Beispiel dafür ist der Halloween-Kult der vergangenen Jahre, der vor allem auch unter dem Einfluss großer Fastfoodketten und Markenartikelfirmen aus Amerika in den Alltag der Europäer schwappt. Die Volkskundler erklären das so: Die Jugendlichen von heute suchen sich vor allem Bräuche mit hohem Unterhaltungswert aus. Den Begriff Halloween oder Halloween-Kürbis kannten Leser hierzulande in den 70er Jahren höchstens von den amerikanischen Peanuts-Geschichten des Zeichners und Autors Charles M. Schulz.

Bis Anfang der 1990er Jahre war Halloween in Deutschland eigentlich nur in der Studentenszene bekannt. Doch dann verbreitete sich das Treiben in der zweiten Hälfte der 90er Jahre

Von Allerheiligen bis Buß- und Bettag

Nun wird die Landschaft allmählich kahl. Knorrige Bäume und Sträucher bilden an den Wallhecken des Münsterlandes gegen das Licht bizarre Formen.

Dieser Schutzengel hält auf einem Grabmal auf dem Zentralfriedhof in Münster Wache.

fast flächendeckend. Am Abend vor Allerheiligen gehen Kinder und Jugendliche mit gruseligen Verkleidungen oder Masken von Haus zu Haus. Mit dem Ausspruch „Süßes, sonst gibt's Saures" heischen sie um Leckereien. Weigert sich der Hausbesitzer, etwas zu geben, muss er mit Streichen rechnen. Die Anbieter von Dekorationsartikeln haben das merkwürdige Fest als Marktsegment für sich entdeckt. Fensterbilder mit grinsenden Masken oder Kürbisse aus Ton oder Terrakotta leuchten des Abends in die Dunkelheit. Dabei ist der grinsende Kürbis sozusagen das Erkennungszeichen von Halloween, im angelsächsischen Sprachraum wird er „jack-o-lantern" genannt.

Der Halloween-Brauch geht auf ein irisch-keltisches Totenfest zurück. Im Frühmittelalter wurde an diesem Tag das Fest „Allerheiligen" eingeführt, das dem Halloween-Fest ja dann auch seinen Namen gab: An „All Hallow's Eve", also dem Vorabend des Allerheiligenfestes, gedachte man der Verstorbenen. Doch das Fest verweltlichte zunehmend und wurde im 19. Jahrhundert durch irische Einwanderer in Amerika eingeführt. Hier nahm es dann seine eigene Entwicklung mit all den Symbolen und Riten, die in diesen Jahren bei uns auch in Mode sind: Kürbis, Heischegänge und der Spruch „trick or treat" (Geschenk oder Streich). Volkskundler in Westfalen vermuten, dass der hohe „Spaßfaktor" und der Umstand, dass das Fest in die doch recht brauchtumsarme Zeit zwischen Spätsommer und Advent fällt, zum Halloween-Siegeszug in Deutschland beigetragen haben.

Auch in münsterländischen Dörfern, wie etwa in Bösensell, ziehen Kinder des Abends durch die Straßen. Mit dem Spruch „Süßes, sonst gibt's Saures" setzen sie die Hausbesitzer gewissermaßen unter Druck. Öffnen diese nämlich nicht die Türen oder spendieren nicht Süßigkeiten, dann „rächen" sich die gruselig angemalten Kinder, indem sie Toilettenpapier im Vorgarten ausrollen oder die Türklinken mit Zahnpasta beschmieren. Hier und da werden auch rohe Eier gegen Häuserwände geworfen. In einer Schule in Senden wurde sogar eine Halloween-Party veranstaltet. Kurios bei der Geschichte ist, dass die Kinder im Grunde nicht wissen, aus welchem Festgrund sie denn nun eigentlich losziehen. Auch die Schulen scheinen es vielfach versäumt zu haben, dieses Brauchtum hinreichend zu erklären. Schlimmer noch: Sie sind nicht einmal mehr in der Lage, Alternativen der eigenen kulturellen Tradition aufzuzeigen. Stattdessen wird sogar von akademisch ausgebildeten Pädagogen unkritisch nachgeäfft, was „der Markt" vorsetzt.

Im Nebel verschwimmen die Konturen
des Münsterlandes. Es bleiben rätsel-
hafte Schleier.

Nicht selten artet das Halloween-Treiben aus: „Schlimme Streiche zu Halloween", hieß es folglich in einem Zeitungsbericht der „Westfälischen Nachrichten" vom 3. November 2006. Etliche Hausbewohner fanden das Auftreten der kleinen Knirpse in Münster offenbar gar nicht witzig. Eine Seniorin aus Coerde, deren Tür mit Ketchup eingeschmiert wurde, berichtete, die Streiche würden von Jahr zu Jahr schlimmer. In Wolbeck wurde ein Haus mit Eiern beworfen, andernorts rissen Kinder, statt sich je nur eine Süßigkeit zu nehmen, dem Spender sofort den ganzen Beutel aus der Hand. Ein Polizei-Pressesprecher berichtete von sieben Streifenwagen-Einsätzen, weil sich Menschen bedroht gefühlt hätten. Fast immer hieß es dann zur Begründung des Alarms, dass vermummte Gestalten um die Häuser herumschlichen. Doch auch Halloween-Gespenster sind offenbar nicht vor Übergriffen sicher. So hieß es in dem Zeitungsbericht, dass zwei neun- und zehnjährige Kinder von Jugendlichen „angegriffen" und zur Herausgabe der Süßigkeiten aufgefordert wurden.

Die Vergänglichkeit des irdischen Lebens ist an diesem Grab mit den Händen zu greifen.

Man hat den Eindruck, dass das Halloween-Treiben, das im Münsterland nun schon seit etwa zehn Jahren stattfindet, seinen Zenit bereits überschritten hat. Die Evangelische Kirche in Deutschland geht mittlerweile in die Offensive, um den Reformationstag am 31. Oktober wieder neu ins Bewusstsein zu rücken. So hat die EKD in dem Impulspapier „Kirche der Freiheit" vorgeschlagen, eine Agenda mit Jahresthemen zu entwickeln, die ganz gezielt an die Kernaussagen der Reformation erinnern sollen. Die Nordelbische Evangelische Kirche bot als kleinen Gag zum Reformationstag bzw. zu den Halloween-Heischegängen so genannte Lutherbonbons an, was der westfälische Präses Buß begrüßte. Er sagte in einem Interview: „Ein griesgrämiges Dagegenhalten gegen den Halloween-Rummel bringt nichts. Mit den Lutherbonbons zeigen wir uns als fröhliche Kirche, die am Reformationstag selbstbewusst und mit Zuversicht den Glauben feiert. Das können wir schon von Martin Luther lernen, der sagte: ‚Die Zuversicht und Erkenntnis der göttlichen Gnade macht fröhlich, trotzig und lustig gegenüber Gott und allen Kreaturen.' Deshalb: Wenn jetzt als Geister verkleidete Kinder an Türen klingeln und um Süßes bitten, kann man ihnen mit diesen Bonbons – sie schmecken nach Zitrone, Orange oder Johannisbeere – etwas geben, was Neugier und Interesse am Reformationstag weckt." Den besonderen Geist des Reformationstages erklärt Präses Alfred Buß sehr prägnant: „Der Reformationstag ist ein Zeichen dafür,

dass ein Menschenleben größer und reicher ist als das, was ein Mensch leistet oder schuldig bleibt. Wir sind und bleiben, ob jung oder alt, Gottes geliebte Kinder. Deshalb sind wir dazu befreit – unabhängig von bevormundenden Autoritäten aller Art –, unseren Glauben zu leben und die Welt zu gestalten." Viele Katholiken unterstützen ihre protestantischen Glaubensschwestern und -brüder in dem Bemühen, ihre Wurzeln neu zu bestimmen. Im Kampf gegen den oberflächlichen Rummel der Gesellschaft gibt es bereits eine gut funktionierende Ökumene.

Am Tag vor Allerheiligen, am 31. Oktober 1517, hatte Martin Luther seine 95 Thesen zum Ablasshandel veröffentlicht. Dass er die Thesen an der Schlosskirche zu Wittenberg angeschlagen hat, gilt in der Forschung als umstritten. Die Thesen wurden vermutlich auf eine andere Art und Weise veröffentlicht. Dieser Gedenktag als Beginn der Reformation wurde jedenfalls 1667 von Georg II. von Sachsen festgelegt. Einige Kirchenordnungen wählten auch den 10. November (Luthers Geburtstag) oder den 18. Februar (Luthers Todestag) . Auch der Tag der Übergabe der „Confessio Augustana", der 25. Juni, wurde zuvor gefeiert. Der 31. Oktober setzte sich alsbald in den meisten Landeskirchen als Reformationstag durch. Längst ist aber auch klar und im ökumenisch-theologischen Disput

Der Herbst legt noch einmal seinen roten Blätterschal um die Grabmäler auf dem Zentralfriedhof in Münster.

unstrittig, dass Luther keinen einseitigen Ablösungsprozess im Sinne hatte, sondern über Missstände in der einen Kirche diskutieren und streiten wollte. Letztlich ist der Verlauf der Reformation also auch ein Misslingen eines Gesprächsprozesses in einer Kirche, die sich doch bis heute als „semper reformanda", als stetig reformationsbedürftig, begreift. So ist es heute gute Gewohnheit, dass auch Vertreter des katholischen Lebens an Reformationstagsfeiern teilnehmen, auch um gemeinsam zu unterstreichen, dass man die Spaltung der Christenheit nicht hinzunehmen gedenkt.

Am 1. November feiert die katholische Kirche das Fest Allerheiligen. Sie sieht in einem Heiligen einen Christen, der den christlichen Glauben in seinem Leben konsequent verwirklicht hat. Von den Seligen und Heiligen nimmt die Kirche an, dass sie bereits in der Gemeinschaft mit Gott leben, weil ihr Leben in Gott geglückt ist. Wobei die Kirche in Heiligen keine Supermänner oder Halbgötter sieht, sondern Menschen, die sich trotz mühevoller Widrigkeiten in ihrem Leben dem Ruf Gottes vorbildhaft verschrieben haben. Zum Fest Allerheiligen, das seit dem 9. Jahrhundert gefeiert wird, schmücken die Gläubigen die Gräber ihrer Toten. Am folgenden Tag gedenkt die Kirche aller Verstorbenen. Der Allerseelentag (2. November) etablierte sich – vom französischen Benediktinerkloster Cluny ausgehend – um die Jahrtausendwende. An diesem Tag wird an die Toten erinnert, die sich nach katholischem Verständnis in einem „Reinigungszustand" befinden und die volle Gemeinschaft mit Gott noch nicht erreicht haben. Für diese Menschen wird an Allerseelen in Messen und Andachten in besonderer Weise gebetet. Vor allem das Fest Allerheiligen hat heute einen eher österlichen Charakter und nichts mehr von der trüben Todestrauer früherer Jahrhunderte.

Wer den inneren Kern dieser Feste besonders spüren will, der gehe einmal bei anbrechender Dunkelheit am Allerheiligentag auf den Zentralfriedhof in Münster, wo am Grab der seligen Clemensschwester Maria Euthymia Hunderte von Kerzen und Lichtern leuchten. Menschen sitzen hier und danken still für Hilfe und Trost in schwierigen Lebenslagen. Der Friedhof wird zu einem friedlichen Ort, der nichts, aber auch rein gar nichts mit dem Spuk und den Fratzen von Halloween zu tun hat. Im Gegenteil: Spürbar wird die tiefe Verbundenheit zwischen Lebenden und Verstorbenen in Gebet und Andacht. Spürbar, ja fast greifbar wird hier die österliche Hoffnung, dass der Tod nicht das letzte Wort hat.

Am Grab der seligen Clemensschwester Euthymia brennen täglich Hunderte von Kerzen und Ewigen Lichtern. Hier triumphiert die Hoffnung auf Leben über trübe November- und Todesgedanken. Hier spürt der Beter die Kraft der Liebe, die den Tod besiegt.

Der Charakter des Totengedenkens, der Einkehr und Buße prägt den meist trüben Monat November. Der durch die evangelische Tradition geprägte Buß- und Bettag, der etwa einhundert Jahre lang einheitlich am Mittwoch vor dem Toten- oder Ewigkeitssonntag gefeiert wurde, ist in den vergangenen Jahren vor allem dadurch wieder ins Bewusstsein der breiten Öffentlichkeit geraten, dass er 1995 außer in Sachsen als staatlicher Feiertag der Mitfinanzierung der Pflegeversicherung zum Opfer fiel. Seitdem versucht die Evangelische Kirche in besonderer Weise wieder an den Buß- und Einkehrcharakter dieses Tages zu erinnern. Einmal mehr wurde in einer wirtschaftszentrierten Gesellschaft klar, dass Feiertage, die einmal gestrichen wurden, nie wiederkommen. Deshalb wehren sich die Kirchen zum Beispiel seit Jahren auch gegen die wohlfeile Diskussion um eine Abschaffung des Pfingstmontags.

Das Christkönigsfest feiern die Katholiken am letzten Sonntag des Kirchenjahres, am letzten Sonntag vor dem Beginn des Advent. Das Ideenfest wurde 1925 von Papst Pius XI. eingeführt, erstens als Andenken an das 1600-jährige Jubiläum des Konzils von Nizäa (325), zweitens als deutliches Zeichen in Anbetracht der in Europa zerfallenden Monarchien. Christus wird als der eigentliche König und Herrscher der Zeit und des Weltalls gefeiert und besungen. Die Protestanten feiern an diesem Tag den Toten- oder Ewigkeitssonntag. Er ist in seinem besonderen Charakter vergleichbar mit dem Fest Allerseelen. Der preußische König Friedrich Wilhelm III. führte. den Totensonntag 1816 ein. Er wird heute im Münsterland besonders mit Gedenkandachten und Wortgottesdiensten auf den Friedhöfen begangen.

Irgendwo im Münsterland verlieren sich die Pferde auf der Weide im „weißen Nebel wunderbar". Die Sonne verliert nun allmählich ihre Kraft und schafft es nicht mehr so leicht, die Nebelschwaden zu verscheuchen.

„Sankt Martin ritt durch Schnee und Wind"

Am „11. 11." sieht
die Welt ganz
anders aus

Aus dem trüben November ragt der Martinstag am 11. November heraus. Es ist ein Tag, an dem im Münsterland und in vielen anderen Regionen mit Laternenumzügen und szenischen Spielen des Heiligen Martin von Tours gedacht wird, dessen Mantelteilung heute noch ein starkes Symbol für tätige Nächstenliebe ist. Bei katholischen wie evangelischen Christen steht Martin hoch im Kurs.

Martin wird 316 oder 317 in der Hauptstadt der römischen Provinz Pannonien, Sabaria, im heutigen Szombathely in Ungarn, geboren, ist Sohn eines römischen Offiziers und schlägt ebenfalls die Soldatenlaufbahn ein. Der junge Gardeoffizier ist im Alter von 18 Jahren um 334 in Amiens stationiert. In diese Zeit fällt die legendäre „Mantelteilung". An einem kalten Wintertag erblickt Martin an einem Stadttor von Amiens einen nur mit Fetzen bekleideten Bettler. Kurzerhand teilt er seinen Soldatenmantel mit dem Schwert und gibt die eine Hälfte dem frierenden Mann. Eine Szene, die heute noch bei den ungezählten Martinsumzügen, so auch in Münster, Nottuln oder Bocholt, nachgespielt wird. Der frommen Legende nach erscheint dem Soldaten Martin in der Nacht nach der Mantelteilung im Traum Christus, bekleidet mit einem halben Militärmantel. Zu den umgebenden Engeln spricht Christus: „Martinus, der noch nicht getauft ist, hat mich mit diesem Mantel bekleidet." In diesem Traum sieht der junge Offizier eine weitere Aufforderung, den Militärdienst aufzugeben, um künftig allein Gott zu dienen. Nach mehrjähriger Vorbereitungszeit lässt Martin sich in Amiens taufen. Zwei Jahre später scheidet er aus dem Militärdienst aus und wird Schüler des Bischofs Hilarius von Poitiers, um Priester zu werden. Nach 360 gründet er in der Nähe von Poitiers ein Kloster, in dem sich viele Gleichgesinnte dem Gott geweihten Leben widmen. Zwar hat diese Lebensphase in der später formulierten Vita des Martin kaum Niederschlag gefunden, doch er muss segensreich gewirkt haben. Denn die Bevölkerung setzt gegen den Widerstand manch anderer Bischöfe Martin als neuen Bischof von Tours durch. Am 4. Juli 371 empfängt er die Bischofsweihe. Martin, der mit einigem Recht als Stifter der monastischen Lebensweise im Abendland bezeichnet wird, lebt weiter schlicht und einfach. Als Mönch und Priester, Arzt und Nothelfer ist er unterwegs, predigt, missioniert, bekehrt und hilft Menschen

„Laterne, Laterne, Sonne, Mond und Sterne": Diese drei Mädchen aus Saerbeck freuen sich auf den Martinsumzug.

aus der Bredouille. Auch trifft er mit den Herrschern seiner Zeit zusammen. Der Tod ereilt Martin auf einer seiner Seelsorgereisen. Am 8. November 397, im Alter von etwa 81 Jahren, stirbt Martin in Candes und wird am 11. November in Tours unter großer Anteilnahme der Bevölkerung begraben.

Nicht sein Todestag hat, wie sonst üblich, später Aufnahme in den kirchlichen Heiligenkalender gefunden, sondern sein Beerdigungstag. Die Begründung liegt auf der Hand. Der 11. November war nämlich später Beginn der vorweihnachtlichen Bußzeit, die ähnlich wie die Fastenzeit vor Ostern auf ein hohes Fest vorbereitete. Die Bedeutung dieses Schwellentages ähnelt dem Rosenmontag oder dem Faschingsdienstag, an denen man es sich noch einmal so richtig gut gehen lässt, bevor die Fastenzeit beginnt. Nicht von ungefähr also beginnt für die Karnevalisten auch im Münsterland am 11. 11. um 11 Uhr 11 die närrische Session, die während der kommenden

adventlichen und weihnachtlichen Wochen ein wenig abflaut, um nach der Jahreswende in Prunksitzungen wieder Schwung zu nehmen und in den Rosenmontagsumzügen zu gipfeln.

Wie bedeutend, tüchtig und in seiner christlichen Lebensführung überzeugend Martin war, zeigte sich übrigens schon kurz nach seinem Tode. Das Grab, über dem zunächst eine Kapelle und später eine prächtige Basilika gebaut wurde, avancierte zum fränkischen Nationalheiligtum. Frankenkönig Chlodwig (482–511) ernannte Martin zum Nationalheiligen. Durch seine Schriften und ausschmückende Legenden strahlte Martin in die gesamte damalige Kirche aus. Bis zum Ende des Mittelalters wurden allein in Frankreich über 3600 Martinskirchen gezählt. Auch im Münsterland, das im Zuge der Frankenmission unter dem ersten Bischof von Münster, Liudger, christianisiert wurde, entstanden Martinskirchen. Es liegt auf der Hand, dass in Nottuln, Münster oder Greven, wo Martinikirchen zu finden sind, besonders intensiv des Bekenners und vorbildlichen Bischofs Martin gedacht wird. In Nottuln wird gleich an mehreren Tagen die Martinikirmes gefeiert, die rund um die St.-Martinus-Kirche mit Fahrgeschäften und Verkaufsbuden fröhliche Feststimmung auslöst. Fünf Päpste übrigens haben bis heute für sich den Namen Martin gewählt.

Die Martinsgans als Festschmaus wird gerne auf eine Legende zurückgeführt, wonach sich Martin in seiner mönchischen Bescheidenheit in einem Gänsestall versteckt hatte, um seiner Wahl als Bischof zu entgehen. Die fetten Vögel verrieten ihn dann durch ihr Geschnatter. Diese und ähnliche Erzählungen sind erst viele Jahrhunderte später entstanden und sozusagen der legendäre Überbau für die Tatsache, dass – wie schon erwähnt – im ländlichen Leben der 11. November als Schwellentag galt. Man genoss das Leben, aß und trank mehr, als einem gut tat, und reduzierte auf diese Weise auch den Tierbestand, den man nicht über den Winter durchfüttern konnte.

Bis weit ins 19. Jahrhundert hinein war der 11. November ein Stichtag, an dem Abgaben, Zinsen und Pacht bezahlt wurden. Knechte und Mägde erhielten ihren Lohn. Dies gab den entsprechenden materiellen Spielraum zum Feiern. Die hohe Bedeutung des Martinstages als Stichtag zeigt sich auch daran, dass etwa am 11. November 1810 in Preußen die Leibeigenschaft aufgehoben wurde. Darauf weist die münstersche Volkskundlerin Christiane Cantauw hin.

Die Martinsumzüge in Westfalen und im Münsterland sind mittlerweile rund 100 Jahre alt. Den ersten Umzug startete

Im Lamberti-Kindergarten in Münster werden fleißig Laternen gebastelt (linke Seite). Die Darsteller des Martin und des Bettlers schauen deshalb schon einmal vorbei. An der Martinischule in Münster legt Martin, der ein Kettenhemd und ein Schwert trägt, dem Bettler bereits den warmen Mantel um (unten).

der Bocholter Heimatverein im Jahre 1910, und dieser wird bis heute in vielen Ortschaften nachgespielt. Hoch zu Ross reitet „Martin" im Legionärsgewand auf einem Schimmel durch die Gemeinde, Kinder ziehen mit Laternen hinterdrein und singen Lieder. Mit der Mantelteilungsszene erfährt der Umzug seinen Höhepunkt. Zum Abschluss gibt's Stutenkerle oder kleine Wecken für die Kinder. Vor gut 100 Jahren waren zunächst auch Heischegänge der Kinder üblich. Singend klopften sie an die Türen, um Gaben zu erbitten. In einigen Städten des Münsterlandes wurde das Martinsheischen aber offenbar als Bettelei angesehen, weil die Kinder in Scharen in den Geschäftsvierteln zusammenströmten und dabei die Kunden in den Läden belästigten. Daraufhin führte der Bocholter Heimatverein 1910 den Martinsumzug ein, um das bunte Treiben am Martinstag in die richtigen Bahnen zu lenken. Mit einigem Erfolg, wie sich heute am weitverbreiteten Brauch des Martinsumzugs erkennen lässt.

Wenn Weihnachten schon im Herbst beginnt

Gedanken über verschobene Zeiten

Die Kommerzialisierung des Lebens und die allgemeine Konsumorientierung hat in den vergangenen Jahrzehnten auch das manchmal so betulich und traditionsorientiert wirkende Münsterland durchdrungen. So hat auch hier das Gespür für bestimmte Jahreszeiten, Rhythmen und Bräuche nachgelassen. Mitarbeiter des Krippenmuseums in Telgte starteten vor einigen Jahren ein kleines Experiment: Sie besuchten im Spätsommer einen Supermarkt und kamen – was eigentlich niemanden so recht überraschte – mit reicher weihnachtlicher Ernte zurück. Der Einkaufswagen mit Spekulatius, Lebkuchen und allerlei weihnachtlichem Naschwerk stand als Blickfang einer thematischen Ausstellung im Krippenmuseum. Hier wurde besonders sinnfällig, dass für viele Menschen das Einhalten bestimmter fester Zeiten im Jahr kaum noch möglich ist. Die allgemeine Zeitverschiebung trifft jene Betriebe, die diese Produkte herstellen, natürlich noch heftiger: Damit die Spezialitäten bis zu vier Monate vor Weihnachten in den Regalen landen, muss die Produktion natürlich schon im Frühsommer anlaufen. Es ist im Grunde kurios, dass die Gebäckspezialitäten, wenn man sie dann Weihnachten verzehrt, vielleicht schon ein halbes Jahr alt sind.

Wer im Kollegenkreis kundtut, dass er die erste Aachener Printe oder den Spekulatius erst zum Beginn des Advent, vielleicht auch erst vom Nikolausteller zu essen gedenkt, wird wie ein altbackener Exot angeschaut. In den Betrieben starten Anfang Dezember bereits die feuchtfröhlichen Weihnachtsfeiern.

In den Geschäften drängen sich die Kunden. Der Einzelhandel erledigt bis zu einem Drittel seines Jahresumsatzes mit dem Weihnachtsgeschäft.

Dazu gehört im Zweifelsfall das „Wichteln“. Zumeist werden
Lose gezogen, wer wem ein Geschenk zu überreichen hat. Eine
zweite, bei Jugendlichen unserer Tage offenbar besonders beliebte Variante ist das so genannte „Schrottwichteln“, das kurz
nach Weihnachten über die Bühne geht. Dann entledigt man
sich der besonders geschmacklosen oder kitschigen Geschenke,
für die man keine Verwendung findet.

In den Kaufhäusern und Möbelläden wird der Kunde spätestens Mitte Oktober mit beleuchteten Tannenbäumen und
unaufhörlichem Gedudel der Weihnachtslieder vom Endlos-
band begrüßt. Im Zweifelsfall weiß man dann schon, welche
Modefarben in diesem Jahr für die Christbaumkugeln „ange-
sagt“ sind. Vielleicht glänzen sie rot und golden, vielleicht aber
auch blau und silbern. Der Einzelhandel erledigt in der Vorweihnachtszeit bis zu einem Drittel seines Jahresumsatzes. In
Zeiten wirtschaftlicher Krisen und hoher Arbeitslosigkeit, aber
auch unter den neuen Vorzeichen einer nun wieder deutlich
aufwärts strebenden Wirtschaft muss man eigentlich nicht ex-
tra darauf hinweisen, dass viele Menschen vom Weihnachtsgeschäft leben. Es wäre also wohlfeil, sich einzig und allein über
Konsumismus und Rummel aufzuregen. Sinnvoll ist es ganz sicher, für sich persönlich Prioritäten zu setzen.

Der Schriftsteller Karl-Heinrich Waggerl aus Wagrain
schrieb über Advent und Weihnachten einmal den einfachen

und einprägsamen Satz: „Das ist die stillste Zeit im Jahr." Doch diese Beobachtung aus seinen eigenen Kindheitstagen galt schon damals vornehmlich für die verschneiten salzburgischen Bergdörfer vor 100 Jahren. Auch für die Dörfer und Bauerschaften des Münsterlandes traf sie bis Ende des 19. Jahrhunderts zu. Das Treiben in den Einkaufsstädten mit Weihnachtsmärkten, Jubel und Trubel ging schon damals allmählich in eine andere Richtung. Nicht erst in unserer Zeit, sondern schon vor Jahrzehnten gab es kritische Zeitgenossen, die sich über die Vermengung und Verschiebung der Zeiten und den wachsenden Kommerz Gedanken machten und zum Teil scharfe Proteste einlegten. So heißt es in einem flammenden Artikel der Zeitschrift „Trutznachtigall" im Jahre 1927, den der westfälische Volkskundler Dietmar Sauermann dokumentierte: „Heraus mit dem Nikolaus und den tausend möglichen und unmöglichen Christkindchen aus den Läden! Fort mit den Krippendarstellungen zwischen den Maccohemden und Schmalztöpfen! Es ist nicht nötig, dass bei jedem Camembert und jedem Brathering ein Schildchen steht mit der rührenden Inschrift ‚Frohe Weihnachten'." Der nicht näher bekannte Autor schloss mit einem Stoßseufzer: „Ja es wird nachgerade Schindluder getrieben mit Nikolaus, Weihnachten und dem Christkind."

Der Siegerländer Wilhelm Münker (1873–1970), bis 1933 Geschäftsführer des Deutschen Jugendherbergswerks, Förderer der Wanderbewegung und Heimatfreund, ereiferte sich 1952 in einem Beitrag über den Geschäftstrubel der Advents- und Weihnachtszeit und zählte allerlei Geschmacklosigkeiten auf, vom grellen Lichterglanz bis hin zu Engeln, die nicht das Gloria, sondern Spruchbänder mit Sonderpreisen in den Händen hielten. Und er erwähnte auch einen münsterschen Lebensmittelhändler, der zwischen Weihnachsliedern per Lautsprecher das Weihnachtsevangelium nach Lukas verlesen ließ, bis offenbar die Polizei einschritt. Dann schrieb er: „Genug der lieblichen Fälle! So wich das Weihnachsgemüt dem Krämergeist. Aus der Krippe zu Bethlehem wurde die Geschäftskrippe, der Weihnachtsbaum zum Dezemberbaum, der Engel zum Kundenfänger, die christliche Adventszeit zum Jahrmarkt. Aus der Stillen, Heiligen Nacht wurden drei bis vier unheilige Wochen, aus dem Evangelium der Liebe das Evangelium der Reklame und des Goldenen Kalbes. Der Weihnachtsgeist ertrank in recht viel Weingeist. Die Weisen aus dem Morgenlande würden glauben, in ein Irrenhaus gekommen zu sein, und schleunigst Reißaus nehmen ob dieser ‚Stillen Nacht, Heiligen Nacht‘. Der Dichter und der Tonsetzer dieses erhabenen Liedes würden sich die Haare ausraufen ..."

Ein Pfarrer an der Peripherie Münsters brachte einmal den Überdruss über das vordergründige Weihnachtstreiben auf den Punkt und meinte etwas gallig: „Vielleicht sollte man

Der Weihnachtsmann auf seinem Rentierschlitten hat den Nikolaus vielerorts schon abgelöst.

In den Münster-Arkaden werden die kaufwilligen Besucher von einem riesigen Tannenbaum, Tausenden von Glühbirnen und Kunstschneegirlanden empfangen.

Weihnachten wirklich den Heiden überlassen und stattdessen wie die orthodoxen Christen die Geburt Christi am Fest der Erscheinung des Herrn am 6. Januar feiern."

Wie so oft gibt es für diese Verschiebung der Zeiten und Werte keine konkreten Schuldigen. Denn alle tragen auf ihre Weise dazu bei, dass das Schiff aus dem Ruder läuft. Ganz sicher ist das permanente Meckern über den Weihnachtstrubel weniger produktiv als der ehrliche Versuch, alternativ und anders zu leben, das kultivierte Sein vor das Haben zu stellen und ein im besten Sinne adventlicher Mensch zu sein – ein Mensch, der in der geheimnisvollen Dunkelheit des Advent auf die Ankunft des Lichts der Welt wartet.

„Das ist die stillste Zeit im Jahr"

Adventszeit

D er Nikolaustag am 6. Dezember überragt die Namens-
feste anderer Heiligen in der Adventszeit, doch auch mit
anderen Tagen haben die Menschen vor allem in früheren
Jahrhunderten ein lebendiges Brauchtum verknüpft.

Der Andreastag am 30. November fällt in der Regel in
den Advent. Bis ins 9. Jahrhundert endete das Kirchenjahr an
diesem Tag. Deshalb war mit dem Namensfest des hl. Andreas Jahreswendebrauchtum verbunden. Aber davon hat sich
auch im Münsterland praktisch nichts erhalten. Andreas, den
Evangelien nach einer der ersten vier Jünger, die Jesus in die
Nachfolge berief, ist der ältere Bruder des Simon Petrus. Sein
griechischer Name (andreios) bedeutet „mannhaft, tapfer". Er
missionierte nach Jesu Tod und Auferstehung unter anderem
in den unteren Donauländern und Griechenland. Dort soll er
am 30. November des Jahres 60 an einem diagonalen Kreuz
(Andreaskreuz) den Märtyrertod erlitten haben. Als Straßen-
verkehrsschild hat sich das Andreaskreuz als Warnhinweis vor
Bahnübergängen erhalten.

Mit dem Barbaratag am 4. Dezember verbinden die Menschen auch in unserer Zeit immerhin noch die Barbarazweige.
Vom Kirschbaum oder Forsythienstrauch abgeschnittene Rei-
ser werden an diesem Tag in eine Vase mit warmem Wasser
gestellt und sollen pünktlich zum Weihnachtsfest aufblühen.
Wessen Zweig dabei besonders schön blühte, dem stand nach
althergebrachter Auffassung Glück ins Haus. Auch als Ern-
te- oder Heiratsorakel standen die Zweige hoch im Kurs. Die
Bergleute und die Artilleristen verehren Barbara noch heute als Schutzpatronin, was in eigenen Festen, Gedenkgottes-
diensten und Liedern zum Ausdruck kommt. Eine besonders
schöne Barbarafigur mit ihrem Attribut, dem Turm, steht im
münsterschen Dom. Und da viele Menschen auf den Namen
Barbara, Bärbel und viele weitere Abwandlungen hören und
die beliebte Heilige als eine der 14 Nothelfer verehrt wird,
brennen auch stets viele Kerzen vor ihrem Bildnis. Barbara
und die Lebensbeschreibungen über sie sind legendär, nicht
historisch. Der heidnische Vater Dioskuros ließ Barbara in einen Turm sperren, in den sie als Zeichen der Dreifaltigkeit ein
drittes Fenster brechen ließ. Als bekennende Christin verfolgt,

Ein kleiner Fest-
kalender zur
Advents- und
Weihnachtszeit

*Barbarastatue aus Alabaster
von Johann Wilhelm Grönin-
ger (1711) im Westquerhaus des
münsterschen Paulusdoms. Der
Turm in der Hand der Heiligen
ist eine Anspielung auf die im ne-
benstehenden Text angesprochene
Legende.*

wurde sie der Legende nach im Jahre 306 in Nikomedien vom eigenen Vater enthauptet, woraufhin diesen ein Blitz erschlug. Barbara galt über viele Jahrhunderte als Gewährsfrau dafür, dass man bei einem Gebet zu ihr nicht ohne Sakramentenempfang sterben werde. In Zeiten, in denen in der Vorstellung der Gläubigen der strenge Richter-Gott dominierte, war also das tägliche Gebet zu dieser Nothelferin zwingend, was Barbaras Popularität mehrte. Im Zuge der Reformen des Zweiten Vatikanischen Konzils wird Barbara wegen ihrer nicht geklärten historischen Herkunft seit 1969 nicht mehr im Römischen Heiligenkalender geführt. Wegen ihrer kulturhistorischen Bedeutung findet sich der Barbara-Tag aber weiterhin im Regionalkalender für das deutsche Sprachgebiet.

In die Adventszeit fällt das Fest Mariä Erwählung am 8. Dezember. Es ist nach offizieller Terminologie das „Hochfest der ohne Erbsünde empfangenen Jungfrau und Gottesmutter Maria". Festinhalt ist der Glaube, so formulierte es Papst Pius IX., „dass Maria durch ein einzigartiges Gnadenprivileg des allmächtigen Gottes ... von jedem Makel der Erbschuld bewahrt worden ist". Mit einem Glaubensdogma unterstrich Pius IX. 1854 eine Glaubenstradition, die seit vielen Jahrhunderten in der katholischen Kirche gepflegt wurde. Bis heute führt dieses Fest vor allem in der medialen Öffentlichkeit zu Missverständnissen, da viele mit der „Unbefleckten Empfängnis" die jungfräuliche Empfängnis und Geburt Jesu verbinden und damit den Geschlechtsakt so deuten, als werde dieser in der katholischen Kirche als etwas „Befleckendes" oder Sündhaftes begriffen. Dabei treffen das Dogma und das dazugehörige Fest schlicht und einfach eine Aussage über Maria selbst. Von ihr wird angenommen, dass sie aufgrund göttlicher Erwählung als Mutter Jesu von Anfang an ohne Sünde war.

Luzia (die Lichtvolle, von lat. lux = Licht), deren Fest am 13. Dezember gefeiert wird, ist im Gegensatz zu Barbara historisch belegt. Sie stammte aus Syrakus und starb um 304 als Märtyrerin unter dem römischen Kaiser Diokletian, weil sie keusch leben wollte und deshalb als Christin angezeigt wurde. In Italien ist Luzia eine Volksheilige, was auch das weit über dieses Land hinaus verbreitete Lied „Santa Luzia" anzeigt. Bis zur Gregorianischen Kalenderreform 1582 fiel der Luzia-Tag auf den Tag der Wintersonnenwende, da der Kalender bekanntlich aufgrund der ungenauen Berechnungsmethode um einige Tage nachging. Papst Gregor XIII. ließ deshalb auf den 4. Oktober 1582 sofort den 15. Oktober folgen, um Kalender

Am 13. Dezember wird das Fest der hl. Luzia gefeiert. Luzia wird als Licht- und Gabenbringerin verehrt, wie diese Luzia-Feier im Evangelischen Krankenhaus in Münster eindrucksvoll zeigt.

und Sonnenstand wieder anzugleichen. Bis heute wird Luzia
vor allem in Schweden als Licht- und Gabenbringerin verehrt.
Dazu werden Mädchen mit einer Krone aus brennenden Kerzen geschmückt.

Auch der Thomastag am 21. Dezember wurde früher mit
Brauchtum ausgeschmückt. Der Apostel, mit dem die Menschen den Glaubenszweifel verbinden, passte somit in die
alte liturgische Dramaturgie, nach der mit der Menschwerdung Christi am 25. Dezember alle diese Zweifel überwun-
den seien. Seit der Neuordnung des römischen Festkalenders
wird sein Fest allerdings am 3. Juli begangen. Die Lutherische
Agende von 1955, das Lektionar von 1978 und die Erneuerte
Agende halten aber an dem Gedenktag für den „ungläubigen
Thomas" fest. Der Legende nach soll er später in Persien und
Indien das Evangelium verkündet haben und dort als Mär-
tyrer gestorben sein. Die „Thomaschristen" in Indien führen
sich auf den Apostel zurück. Als Tag der Wintersonnenwende war der Gedenktag früher auch mit allerlei vorchristlichem
Brauchtum (Lostag, Orakel) verknüpft. In Westfalen nannte
man den Schüler, der an diesem Tag als Letzter in die Schule
kam, den „Thomas-Esel".

Weihnachtszeit

Bis in die 60er des vergangenen Jahrhunderts hinein reichte
die Weihnachtszeit bis zum Fest Mariä Lichtmess am 2. Februar. Selbst wenn der Weihnachtsbaum schon nach kurzer Zeit
rieselte, so blieben in den Kirchen und christlichen Häusern
die Krippen doch bis zu diesem Fest stehen. Seit der Neuordnung des römischen Kalenders reicht die Weihnachtszeit bis
zum ersten Sonntag nach dem Fest Erscheinung des Herrn
(Epiphanie, „Dreikönigsfest", 6. Januar). An diesem Tag wird
das Fest der Taufe Jesu im Jordan gefeiert und zeigt damit den
Beginn des öffentlichen Auftretens Jesu an. Als einziges Fest

neben Ostern hat Weihnachten eine eigene Festwoche, auch Oktav genannt, behalten. Katholische und lutherische Ordnung unterscheiden sich in den Heiligen- und Gedenktagen nur unwesentlich.

Am 26. Dezember, dem 2. Weihnachtstag, wird das Fest des hl. Stephanus begangen. Nach den Berichten der Apostelgeschichte war er einer der sieben Diakone, die sich um die Versorgung der griechisch sprechenden Witwen in der Jerusalemer Gemeinde kümmern sollten. Über diese Gemeindegruppe brach eine Verfolgung herein. Stephanus bekennt sich vor dem Hohen Rat zu Christus und wird von seinen Anklägern gesteinigt. Das Stephanus-Fest zeigt an, dass es bereits am ersten Tag nach Weihnachten nicht mehr nur um die Lieblichkeit eines Geburtsfestes, sondern um die konkrete und im Zweifelsfall bis zum Tode konsequente Nachfolge Jesu geht. Stephanus erscheint hier nicht nur als Glaubenszeuge, sondern auch als Vorbild der Feindesliebe, denn vor seinem Tode betet er für diejenigen, die ihn verfolgen. Der 2. Weihnachtstag oder Stephanustag hat sich im Volksmund eingebürgert. In Münsterlanddörfern geht der etwas rüde, aber nicht böse gemeinte Spruch um, dass man „Stephanus steinigen" geht. Damit ist ein feucht-fröhlicher Kneipenbesuch am 2. Weihnachtsfesttag gemeint.

Obwohl es in der biblischen Forschung als eher unwahrscheinlich gilt, so werden der Apostel und Lieblingsjünger Jesu, Johannes, und der Verfasser des vierten Evangeliums gemeinhin als ein und dieselbe Person angesehen. Das Fest des Apostels und Evangelisten Johannes ist am 27. Dezember. In manchen ländlichen Gegenden Schlesiens zum Beispiel wird auch an diesem Tag noch nicht wieder gearbeitet. Nach der Überlieferung wirkte Johannes, der zum engsten Jüngerkreis Jesu und später zu den „Säulen" der Gemeinde in Jerusalem gehörte, später in Ephesus. Unter Kaiser Domitian wurde er nach Patmos verbannt, wo er die „Geheime Offenbarung" schrieb. Nach seiner Rückkehr nach Ephesus soll er dort das nach ihm benannte Evangelium und die Briefe verfasst haben und erst um 100 n. Chr. gestorben sein. Sein Grab in Ephesus wurde schon um etwa 200 n. Chr. verehrt.

Auch das Fest Unschuldige Kinder am 28. Dezember ist weitgehend noch fest im Bewusstsein der kirchlich gebundenen Christen verankert. Vielerorts war es früher üblich, an diesem Tage Kinder in den Kirchen zu segnen. Den Berichten des Matthäus-Evangeliums nach fürchtete Herodes in dem neuge-

Statue des Evangelisten Johannes aus Baumberger Sandstein (um 1730) am nordwestlichen Pfeiler der Ostvierung. Deutlich zu erkennen ist die Inschrift auf der Kante der Fußplatte S(anctus) IOHANES EV(angelista): Heiliger Evangelist Johannes.

borenen Kind in Bethlehem, von dem ihm die drei Weisen aus dem Morgenland erzählten, einen gefährlichen Rivalen um den Königsthron. Deshalb befahl er, alle Jungen unter zwei Jahren in Bethlehem zu töten. Die Heilige Familie kommt dieser Gefahr zuvor und flieht nach Ägypten und kehrt von dort erst nach dem Tode des Herodes zurück. Der Kindermord des Herodes ist aus anderen Quellen übrigens nicht historisch belegt. Neu ins Interesse der Medien unserer Tage rückte der romtreue, bei den Juden deshalb unbeliebte und als rücksichtslos und brutal bekannte Herodes (ca. 73 bis 4. v. Chr.) durch jüngste Ausgrabungen in der antiken Palastanlage Herodium, südlich von Jerusalem, bei denen Forscher wahrscheinlich den Sarkophag des Königs entdeckten.

Fällt ein Sonntag in die Weihnachtsoktav und ist dies nicht schon der 1. Januar, dann wird an diesem Tag das Fest der Heiligen Familie gefeiert. Es ist ein relativ junges Fest, das auch zu den so genannten „Ideenfesten" gehört. Die Verehrung der „Heiligen Familie" breitete sich im 19. Jahrhundert vor allem in Kanada aus und fand in Papst Leo XIII. (1878–1903) einen einflussreichen Förderer. Gerade in der gegenwärtigen Zeit, in der die Familie als Keimzelle der Gesellschaft in besonderer Weise bedroht ist, wird an diesem Tag in Predigten und Gebeten an die Bedeutung der Familie erinnert. Dabei geht es in der Seelsorge heute darum, nicht ein fernes, romantisierendes Ideal zu beschwören, sondern die Familie als einen dem Menschen gemäßen Verbund von Eltern und Kindern mit unterschiedlichen Fähigkeiten und Temperamenten darzustellen.

Mit dem Namen Silvester ist der letzte Tag des Jahres unverrückbar verbunden. Der 31. Dezember ist das Namensfest des hl. Silvester, der 314 Bischof von Rom und damit nach heutigem Verständnis auch „Papst" wurde. Silvester erlebte das Ende der römischen Verfolgungszeit und wurde gleichzeitig Zeuge der „Konstantinischen Wende". Kaiser Konstantin, an den die Stadt Trier 2007 mit einer großen Ausstellung erinnerte, erkannte das Christentum offiziell als Staatsreligion an, was das Ende der Verfolgungszeit, allerdings auch neue Gefahren und Versuchungen einer Verknüpfung von Staat, Politik und Christentum brachte. Silvester starb am 31. Dezember 335. Der Legende nach soll er auch Kaiser Konstantin getauft haben. Der letzte Tag des Jahres wird in den Kirchen mit festlichen Jahresabschlussgottesdiensten gefeiert. Sekt, festliche Speisen (Karpfen, Berliner Ballen) gehören zum familiären Ritual des letzten Jahrestages.

Neujahr, 1. Januar: Seit etwa der Mitte des 2. Jahrhunderts vor Christus fanden in Rom in den ersten Januartagen sämtliche Ämterwechsel statt. Allmählich wurde der Jahresbeginn vom 1. März auf den 1. Januar vorverlegt. Dass früher nicht der Januar, sondern der März den Jahresanfang bildete, zeigt sich noch heute an den Monatsnamen September, Oktober, November und Dezember, die den römischen Zahlworten nach den siebten, achten, neunten und zehnten Monat markierten. Seit Julius Cäsar und seiner julianischen Kalenderreform im Jahre 46. v. Chr. wurde der 1. Januar als Beginn eines neuen Jahres bestätigt. Bis weit ins Mittelalter hinein jedoch gab es immer wieder Unstimmigkeiten darüber, wann denn nun eigentlich das neue Jahr beginne. Manche sahen das Weihnachtsfest als rechten Termin an, manche das Dreikönigsfest am 6. Januar. Das merkwürdige Gefühl der kalendarischen Unsicherheit hat sich bis heute in der Formulierung „Zwischen den Jahren" erhalten, die in diesem Buch an anderer Stelle noch ausführlicher erläutert wird. Erst 1691 wurde Neujahr am 1. Januar verbindlich durch Papst Innozenz XII. anerkannt. Für die katholische Kirche war der 1. Januar ursprünglich ein Marienfest, dann über viele Jahrhunderte das „Fest der Beschneidung des Herrn" und „Oktav von Weihnachten".

Im Zuge der Liturgie- und Festkalenderreform wird seit 1969 am 1. Januar wieder das Hochfest der Gottesmutter Maria gefeiert, an dem auch der Namengebung Jesu gedacht werden soll. Im neuen deutschen Regionalkalender erscheint der 1. Januar unter dem Titel „Neujahr, Oktavtag von Weihnachten, Namengebung des Herrn, Hochfest der Gottesmutter Maria". Es liegt jedoch auf der Hand, dass in den Predigten und Gebeten des Tages vor allem auf den Beginn des neuen Jahres verwiesen wird, was auch dem Empfinden der Gläubigen entspricht. Der Papst veröffentlicht zu diesem Tag Jahr für Jahr eine Friedensbotschaft. Wie in anderen öffentlichen Institutionen beginnen an diesem Tag auch in den Pfarrge-

Die spätmittelalterliche Madonnenfigur (Süddeutschland, um 1480) in der Josephskapelle des Domes (Grabkapelle des Fürstbischofs Christoph Bernhard von Galen [1607–1678])wird als „Friedensmadonna" verehrt.

Das Epitaph des Weihbischofs Johannes Bischopinck von Johann Brabender in der Marienkapelle des Paulusdoms (1542/43) zeigt die Huldigung der Heiligen Drei Könige.

meinden und Bistümern die längst zur Tradition gewordenen Neujahrsempfänge.

Am 6. Januar feiert die Kirche das Hochfest der Epiphanie. Das griechische Wort „Epiphanie" bedeutet so viel wie „Erscheinung" oder „Offenbarwerden" und wurde in der Antike auf die Ankunft oder das Auftreten des jeweiligen Herrschers beim Staatsbesuch angewandt. Im Grunde ist das Fest „Erscheinung des Herrn" ein zweites Weihnachtsfest. Während der 25. Dezember die Menschwerdung des Gottessohnes thematisiert, wird am 6. Januar die Göttlichkeit Jesu Christi in den Mittelpunkt gestellt. Im Volksmund wird das Fest auch „Heilige Drei Könige" oder „Dreikönigsfest" genannt. Gerade in Deutschland hat die Erinnerung an die Sterndeuter oder Magier (griech.: „magoi") – im engeren Sinne Angehörige der persisch-medischen Priesterkaste, im weiteren Sinne Astrologen, Traum- und Orakeldeuter oder Seher – den eigentlichen Charakter des Festes überdeckt. Allerdings passen das Fest „Epiphanie" und „Heilige Drei Könige" thematisch gut zueinander. Gelehrte Sterndeuter, von einem geheimnisvollen Stern geführt, knien nach den Berichten des Matthäusevangeliums vor dem neu geborenen göttlichen König der Juden an der Krippe nieder und bringen königliche Geschenke mit: Gold, Weihrauch und Myrrhe. An diesem Tage werden die Weihnachtskrippen in den Kirchen, wo seit Weihnachten die Hirten heraneilen, um die drei Figuren der „Könige" ergänzt. Ein Dreikönigsfest im herkömmlichen Sinne kennt der liturgische Kalender nicht mehr, außer freilich in Köln, von wo sich seit dem 12./13. Jahrhundert das Dreikönigsbrauchtum und die

Wer pünktlich mittags um zwölf Uhr im Dom ist, kann an der Astronomischen Uhr den Zug der Heiligen Drei Könige sehen.

Dreikönigsverehrung mit Prozessionen, Patrozinien und Pilgerfahrten verbreitete. Dies hing damit zusammen, dass die angeblichen Gebeine der Heiligen Drei Könige im Jahre 1164 von Mailand nach Köln gelangten, wo sie noch heute in einem kostbaren Schrein im Dom verehrt werden. Der gigantische Weltjugendtag 2005 in Köln, an dem auch der erste deutsche Papst seit über 500 Jahren, Benedikt XVI. (Joseph Ratzinger), teilnahm, griff den theologischen Gedanken der Anbetung des göttlichen Kindes durch die Magier auf und gipfelte in dem Leitsatz „Wir sind gekommen, um Ihn anzubeten". Das ursprünglich reiche Brauchtum zum Dreikönigsfest hing auch damit zusammen, dass der 6. Januar zeitweise als Ende der besonders dämonisierten winterlichen Raunächte und als Jahresanfang gedeutet wurde. Am Dreikönigstag gab es Spiele, festliche Mahlzeiten, außerdem wurde das Dreikönigswasser geweiht, dem besondere, segensreiche Kräfte zugesprochen und das für längere Zeit zur Segnung des eigenen Heimes und Hofes aufbewahrt wurde. Am Dreikönigstag durften die Kinder häufig auch den mit Naschwerk behängten Weihnachtsbaum plündern.

Bis heute geblieben und aus dem Leben der Pfarrgemeinden nicht mehr wegzudenken sind die „Sternsinger". Dieses Brauchtum lässt sich bis ins 16. Jahrhundert zurückverfolgen. Zunächst zogen Soldaten oder arme Handwerker durch die Straßen und Gassen, später Kinder, meist als Könige verkleidet. Die Umzüge arteten zuweilen auch in Bettelei und Zechprellerei aus. In der 2. Hälfte des 20. Jahrhunderts lebte der Brauch wieder auf. In Deutschland zählt das Sternsingen, gemeinsam initiiert von den Bistümern, zu den größten und erfolgreichsten Kinderaktionen. Jahr für Jahr ziehen Messdienerinnen und Messdiener sowie Angehörige weiterer Jugendgruppen der Pfarrgemeinden aus und sammeln Geld für Kinderprojekte in benachteiligten Ländern. Die weihnachtlichen Leckereien, die an diesem Tage gesammelt werden, versüßen den Einsatz bei kaltem Winterwetter. Leider ist der Dreikönigstag als Festtag in Nordrhein-Westfalen abgeschafft. In Baden-Württemberg, Bayern, Sachsen-Anhalt, Österreich und Teilen der Schweiz ist der Tag noch gesetzlicher Feiertag. Aber immerhin betten die Weihnachtsferien diesen wichtigen Feiertag der „Epiphanie" und des „Dreikönigsfests" ein.

Mit dem ersten Sonntag nach „Epiphanie", an dem das Fest der Taufe Jesu gefeiert wird, endet die Weihnachtszeit. Nun beginnen in der katholischen Kirche die „normalen" Sonntage im Jahreskreis. Die Ordnung in der evangelischen Kirche sieht noch die „Sonntage nach Epiphanias" vor und hält somit noch stärker die Erinnerung an die Bedeutung dieses Festes und sein Nachwirken fest.

Bis zur liturgischen und kalendarischen Neuordnung des kirchlichen Lebens nach dem 2. Vatikanischen Konzil reichte der Weihnachtsfestkreis bis zum 2. Februar. Bis zu diesem Datum blieben häufig die Krippen in den Kirchen und Häusern stehen. Das Fest heißt heute „Darstellung des Herrn" und wurde früher und wird auch heute noch im Volksmund Mariä Lichtmess genannt. Hintergrund ist, dass nach dem mosaischen Gesetz eine Frau nach der Geburt eines Jungen 40 und nach der Geburt eines Mädchens 80 Tage als „unrein" galt. Dem Priester im Tempel wurde also ein Reinigungsopfer übergeben. Darüber hinaus musste ein erstgeborener Junge, der als Eigentum Gottes galt, Gott dargebracht und durch ein Opfer ausgelöst werden. Als die Eltern Jesus im Tempel darbringen und Tauben opfern, begegnen sie dabei dem greisen Simeon und der Prophetin Hanna, die beide im Kind den Erlöser erkennen und Gott preisen. Die Ostkirche sah in dem Fest eher die Ankunft des Messias in seinem Tempel, die Westkirche feierte das Fest der „Reinigung Mariens". Da später Lichterprozession und die Weihe von Kerzen für den Hausgebrauch hinzukamen, bürgerte sich der Festname „Mariä Lichtmess" ein. Seit der Liturgiereform (1969) wird dieser Tag wieder als klassisches Herrenfest gefeiert und führt den Namen „Darstellung des Herrn". Für die Datierung des Tages gab es im Mittelalter unterschiedliche Ansätze. Wo Weihnachten am 25. Dezember gefeiert wurde, fiel der 40. Tag nach Weihnachten auf den 2. Februar, wo der 6. Januar als eigentliches Weihnachtsfest galt, verschob sich der 40. Tag auf den 14. Februar.

In dieser Statue am südwestlichen Pfeiler der Ostvierung ist Maria im Typ der stillenden Mutter (Maria lactans) dargestellt. Die Statue aus Baumberger Sandstein (um 1600) stand ursprünglich im Zentrum des ehemaligen, 1944 zerstörten Westportals des Domes. So erklärt sich auch die Inschrift auf der Kante der Fußplatte: FELIX COELI PORTA (Selige Himmelspforte).

Am Prinzipalmarkt leuchten die Kerzen

$\mathbf{M}$it dem 1. Adventssonntag, je nach Kalenderlage schon Ende November oder erst Anfang Dezember, beginnt die Zeit der Vorbereitung auf das Weihnachtsfest und gleichzeitig ein neues Kirchenjahr. Bedeutsam ist daran, dass das Christentum sich in dieser Zeit seiner jüdischen Wurzeln in besonderer Weise bewusst wird. In den Lesungs- und Gebetstexten stehen die Weissagungen der alttestamentlichen Propheten im Zentrum. Wie das Volk Israel seinerzeit auf den Messias wartete, erhoffen die Christen die Ankunft des Erlösers – nicht einfach nur die alle Jahre wieder zelebrierte Ankunft eines Kindes in der Krippe, sondern auch die letztgültige Wiederkunft Christi am Ende der Zeiten. Die Adventszeit, nach dem

Münster ist nicht nur die Stadt der Kirchen, sondern auch die Stadt der Adventskränze. Die Stimmung „unter dem Bogen" am Rathaus ist zur Adventszeit einfach unvergleichlich.

Vorbild der österlichen Fastenzeit gebildet, ist also eine Zeit des Wartens und der Vorbereitung. Ursprünglich dauerte sie 40 Tage und begann mit dem Fest des Hl. Martin. Der besondere Charakter einer geschlossenen Bußzeit wurde vom Trienter Konzil (1545–1563) besonders hervorgehoben. Weltliche Festlichkeiten und Ausschweifungen waren verboten. Noch 1917 stand im Kirchenrecht, dass im Advent in der Regel keine feierlichen Trauungen vorgenommen werden durften. Im neuen Kirchenrecht von 1983 findet sich ein solcher Passus nicht mehr.

Der beliebteste und weithin verbreitete Brauch der Adventszeit ist das Aufstellen des Adventskranzes. Früher ging man dazu in den Wald, klaubte Tannengrün und formte es zu einem Kranz, heute haben Gärtnereien und Kaufhäuser jede Menge fertiger und zum Teil schon geschmückter Gebinde anzubieten.

Der Adventskranz geht zurück auf den protestantischen Pfarrer und Erzieher Johann Hinrich Wichern (1808–1881), der in Hamburg ein Haus für benachteiligte Jugendliche leitete und bei seinen Adventsandachten allabendlich eine Ker-

Vielerorts, so etwa in Bösensell, hat sich der neue Brauch des „begehbaren Adventskalenders" eingebürgert. Abend für Abend gestaltet eine Familie ein Fenster ihres Hauses mit adventlichen Motiven. Geschichten werden vorgetragen, Lieder gesungen, anschließend bleibt man noch bei einer Tasse Glühwein oder Kakao beieinander und pflegt die Nachbarschaft.

In der Grundschule Füchtorf zünden die Kinder schon die vierte Adventskranzkerze an und erzählen über ihre schönsten Weihnachtswünsche.

ze mehr auf einem Tannengrünkranz entzündete, so dass am Heiligen Abend schließlich 24 Kerzen brannten. So sollte es bis Weihnachten immer ein Stückchen heller werden – als Symbol für Christus, das Licht der Welt. Kränze mit 24 Kerzen erwiesen sich als wenig praktisch, auch so genannte Adventsgestelle oder Adventsbäumchen mit vielen Kerzen kamen nur kurze Zeit an. Nach dem ersten Weltkrieg etablierte sich schließlich der Brauch, Adventskränze mit vier Kerzen – für jeden Adventssonntag eine – aufzustellen oder aufzuhängen. Von Norden nach Süden setzte sich der Adventskranz bis heute in Deutschland flächendeckend und überkonfessionell durch, zumal er in seiner Gestaltung den liturgischen Vorgaben gerecht wird – die Kerzen als Symbol für Christus, das Licht der Welt, das Tannengrün als Hinweis auf das bevorstehende Weihnachtsfest.

Die bestimmt größte Ansammlung an Adventskränzen findet sich Jahr für Jahr in Münster. Zum 1. Advent lösen sie die mit Scherenschnitten verzierten Lambertus-Laternen, die den Herbst über unter jedem Bogen am Prinzipalmarkt und den angrenzenden Straßen hängen, ab und verbreiten zusammen mit den Lichterketten an den Giebelhäusern eine angenehme, heimelige Atmosphäre. „Münster leuchtet ins Land", so hieß es schon vor Jahrzehnten, und man hielt in der heim-

lichen Hauptstadt Westfalens etwas darauf, bei der adventlichen Beleuchtung zurückhaltender und geschmackvoller zu
sein als manche andere Stadt mit ihren auf bombastischen
Gitternetzen aufgepflanzten Glühbirnen. Zusammen mit
den beleuchteten Linden an den Schnittstellen zwischen der
münsterschen Promenade und den Ausfallstraßen ergibt sich
jedenfalls bis heute ein stimmiges Bild, auch wenn gegenwär-
tig nicht mehr so penibel wie früher darauf geachtet wird, dass
es bei der adventlichen oder vorweihnachtlichen Beleuchtung
ja keine „Ausreißer" gibt.

Ähnlich wie der Adventskranz symbolisiert der Adventskalender die gespannte Erwartung auf Weihnachen. Schon der
Maler Petrus Christus aus Brügge zeigte im 15. Jahrhundert

*Vorweihnachtliche Stimmung
auch an der St. Georg-Kirche
in Saerbeck. Ein kleiner Weihnachtsmarkt lockt Besucher an.*

Manche Zeitgenossen machen aus der Advents- und Weihnachtsbeleuchtung ein ziemlich aufwendiges und stromintensives Hobby. Im Norden Münsters gibt es nicht nur diese Glühbirnen-Arrangements, sondern auch Lichtschläuche in den Konturen des Hausdachs zu bewundern.

in einem seiner Bilder die Aufteilung des Advents in 24 Tage. Um 1850 kam wie schon beim Adventskranz unter evangelischen Christen der Brauch des Adventskalenders auf, wobei die Gestaltung unterschiedlich ausfiel. Es wurden Kerzen mit den entsprechenden Ziffern angezündet oder Abreißkalender gepflegt. Als Urheber des gedruckten und vervielfältigten Adventskalenders mit 24 Türchen gilt allgemein der Münchner Verleger Gerhard Lang, der 1908 die ersten Exemplare besonders für Kinder auf den Markt brachte. Das Neuheidentum der Nationalsozialisten formte den Adventskalender zu einer Art Märchenkalender um. Dass auch die Süßwaren- und Konsumindustrie den Adventskalender seit vielen Jahrzehnten für sich entdeckt hat, soll nicht überdecken, dass es Jahr für Jahr wieder viele sinnvolle und lehrreiche Exemplare des Adventskalenders gibt, die auf katholischer wie evangelischer Seite den Kindern und auch den Erwachsenen helfen, auf bewusste Weise den Advent zu erleben. Die Künstlerin Brigitte Lange-Helms aus Telgte etwa illustriert Jahr für Jahr den Adventskalender für das Bonifatius-Werk der deutschen Katholiken mit Sitz in Paderborn. Zumeist geht es auf den Kalendern und in den Begleitheften darum, das Bewusstsein der Kinder für die Lebenssituation in der Diaspora oder in anderen krisengeschüttelten Gegenden der Welt zu wecken. Aber auch Spiel- und Bastelideen oder Geschichten tragen dazu bei, die Zeit bis Weihnachten sinnvoll wahrzunehmen. Ein recht neuer Brauch ist der „Begehbare Adventskalender". In vielen Gemeinden des Münsterlandes, so etwa in Bösensell, gestalten Familien reihum Abend für Abend im Advent eines ihrer Hausfenster wie die geöffnete Tür eines Adventskalenders. Nachbarn und Freunde kommen zusammen, besinnliche Geschichten, Gebete oder Lieder werden vorgetragen. Das mit adventlicher Symbolik oder Heiligenbildern aus Transparentpapier geschmückte Fenster strahlt in die Dunkelheit. Abschließend bleibt man noch bei einer Tasse Glühwein und etwas Gebäck beieinander.

Die Rorate-Messen führen ihren Namen zurück auf das Eingangsgebet dieser Gottesdienste nach einem Wort des Propheten Jesaja: „Rorate, caeli, desuper, et nubes pluant iustum." Ein bekanntes Adventslied liefert die Übersetzung: „Tauet Himmel den Gerechten, Wolken regnet ihn herab!" Nach der Liturgiereform und dem seit 1969 gültigen Messbuch, das für

Die Dominikanerkirche an der Salzstraße in Münster erhebt sich im Glanz der Lichter und des Weihnachtsmarktes.

1. „Tauet, Himmel den Gerechten:
Wolken, regnet ihn herab!"
rief das Volk in bangen Nächten,
dem Gott die Verheißung gab:
einst den Mittler selbst zu sehen
und zum Himmel einzugehen,
denn verschlossen war das Tor,
bis der Heiland trat hervor.

2. In des Fleisches armer Hülle
kommt zur Erde Gottes Sohn;
Leben, Licht und Gnadenfülle
bringt er uns vom Himmelsthron.
Erde, jauchze auf in Wonne
bei dem Strahl der neuen Sonne;
fernhin bis zum Niedergang
werde alles Lobgesang!

(Gotteslob Nr. 901)

jeden Adventstag eigene Texte vorsieht, ist der Brauch der Ro-ratemessen, die vor allem wegen ihrer ausgedehnten Kerzen- und Lichtsymbolik beeindruckten, auch im Münsterland stark zurückgegangen.

Das Gespür dafür, wie eine einzelne Kerze den Raum er-leuchtet, ist in den Straßen und Gassen unserer Städte und Dörfer weitgehend gewichen. Waren es bis vor Jahren schon die hellerleuchteten Tannenbäume, die das Weihnachtsfest ge-wissermaßen vorwegnahmen, so orientieren sich Handel und Kunden mehr und mehr am Glühbirnengeschmack der Ame-rikaner. Ganze Gitternetze mit Glühlämpchen werden mitt-lerweile über die Fichten und Tannen gezogen. Mit Lampen-schläuchen werden Dachrinnen, Fenster und Gartenanlagen ausgestattet, leuchtende Gebilde in Form von Rentier, Schlit-ten und Weihnachtsmann zieren die Vorgärten, und zuwei-len wirken solche Häuser in ihrem farbigen und flackernden Schmuck wie Vergnügungsetablissements. Die Hausbesitzer nehmen für dieses ganz neue Weihnachtszeit-Hobby offenbar auch gesalzene Stromabrechnungen in Kauf.

„Nikolaus, komm in unser Haus!"

Keine Frage, kaum ein Heiliger ist beliebter. Und jedes Kind weiß, dass am 6. Dezember das Fest des Gabenbringers Nikolaus ist. Nikolaus erinnert die meisten Menschen an unbeschwerte Kindheitserinnerungen zu Beginn des Advent. Und bis heute ist es auch im Münsterland so, dass Kinder am Vorabend des Nikolausfests einen Schuh oder Pantoffel ans offene Fenster stellen, damit der Nikolaus, der irgendwo in der dunklen Dezembernacht umherschwebt, etwas Süßes hineinlegen möchte. In Schulen und Kindergärten taucht der heilige Bischof mit Mitra und Bischofsstab auf, um Kindern Tüten mit Leckereien zu überreichen. Zuweilen bringt der Nikolaus auch einen vierschrötigen, schwarzen Gesellen, den Knecht Ruprecht, mit. Bevor es süße Überraschungen gibt, wird der Nikolaus vielleicht auch noch aus einem Buch vorlesen, welche besonderen Eigenschaften dieses oder jenes Schülers eine besondere Belohnung verdienen. Noch als Grundschüler in der Dyckburgschule von 1969 bis 1973 war es dem Autor dieser Zeilen bei diesen Nikolausfeiern nie so ganz geheuer. Erstens war nicht klar, wer da eigentlich diesen Nikolaus mit der tiefen, würdevollen Stimme darstellte; immerhin war der etwas kleinwüchsige Knecht Ruprecht ganz gut als einer der Familienväter der kleinen Pfarrgemeinde an der Peripherie Münsters zu erkennen. Außerdem rätselte man zunächst noch daran herum, wie der Nikolaus an die ganzen Informationen über Schulleistungen und Flötenspiel herankam, bis es auch den etwas Überängstlichen irgendwann dämmerte, dass der „Nikolaus" sich vorher ganz sicher mit der Klassenlehrerin abgesprochen hatte. Kleine Ermahnungen und Aufmunterungen gab's jedenfalls für jeden, allerdings dann auch für jeden die sehnlichst erwartete Tüte mit Leckereien, als „Nachschub" gewissermaßen für die Nikolausteller, die an jedem Nikolausmorgen im abgedunkelten Wohnzimmer einen betörenden weihnachtlichen Duft verströmten.

Ganz ohne Zweifel ist der Nikolaus „elementarer Standard unserer Kultur", schreibt Manfred Becker-Huberti, früherer Pressesprecher des Erzbistums Köln und zumal nach einer jüngsten Buchveröffentlichung einer der bekannten Nikolaus-Forscher in Deutschland. Auch losgelöst von religiös-kultischer Verehrung ist der Nikolaus sozusagen die Grundlage all jener Väterchen-Frost-Figuren und Weihnachtsmänner, die

Wie das Münsterland den beliebten Bischof feiert

Der Bronze-Nikolaus von Rudolf Breilmann (Ecke Bogenstraße/Spiekerhof) trägt drei Äpfel und erinnert an die Legende, nach der Nikolaus drei Mädchen durch das Geschenk dreier goldener Äpfel vor dem Verkauf in die Sklaverei bewahrt haben soll.

heute in der Vorweihnachtszeit durch unsere Straßen toben. Viele wissen vielleicht nicht einmal mehr, ob und wie sie Nikolaus und Weihnachtsmann auseinanderhalten sollen.

Obwohl der Nikolaus derart bekannt und berühmt ist, sind die historischen Kernaussagen über ihn dürftig. Aufgrund intensiver Textforschung, so schreibt Manfred Becker-Huberti, wissen wir heute im Grunde, dass diese legendäre Figur in den meisten Ausformungen eine Kunstfigur ist. Der Nikolaus, der in Legenden als Helfer der Kinder und Wohltäter bekannt ist, darf als eine Kompilation, also als Vermengung zweier historischer Persönlichkeiten angesehen werden. Da ist auf der einen Seite der Bischof Nikolaus von Myra, im kleinasiatischen Lykien gelegen, der wahrscheinlich im 4. Jahrhundert gelebt hat, und auf der anderen Seite der gleichnamige Abt von Sion, der Bischof von Pinora war und am 10. Dezember des Jahres 564 in Lykien starb. Aus diesen beiden historischen Figuren haben sich offenbar vom 6. Jahrhundert an Geschichten und Legenden über einen herausragenden Bischof von Myra gebildet. Dass in einer nachträglich geschriebenen Heiligen-Vita mehrere Figuren vermischt werden, ist in der Geschichtsschreibung übrigens nichts Ungewöhnliches.

Wer sich also der Geschichtlichkeit jenes berühmten Bischofs von Myra nähert, wird ernüchtert feststellen müssen, dass alle Datierungsversuche letztlich scheitern. Weder seine Geburt im kleinasiatischen Patras, noch seine angebliche Teilnahme am Konzil von Nizäa (325), noch sein angeblicher Tod im Jahre 343 sind mit Sicherheit nachzuweisen. Grundlage aller weiteren in Ost und West ausgeformten und ausgeschmückten Berichte und Erzählungen über Nikolaus ist die so genannte Stratelatenlegende im 5. und 6. Jahrhundert, welche die Rettung dreier unschuldig verurteilter Feldherrn durch den Bischof Nikolaus beschreibt. Vor allem in der Ostkirche und in der heutigen Orthodoxie ist eine ununterbrochene und herausragende Nikolausverehrung nachzuweisen. Für den Westen geht man von einem festen Nikolauskult seit dem 7. oder 8. Jahrhundert aus. Die älteste Nikolauskirche des Abendlandes ist wohl die römische Kirche San Nicola in Carcere. Hartnäckig hielt sich im Münsterland die vor rund 50 Jahren von Heinrich Börsting aufgestellte Theorie, wonach der Missionar und spätere erste Bischof von Münster, Liudger, um 800 eine Kirche in Billerbeck unter das Nikolaus-Patrozinium gestellt habe. Doch lässt sich eine solche Kirche nach Auskunft des münsterschen Historikers Dr. Peter Ilisch – zumal nach den archäologischen Befunden – nicht nachweisen. Die älteste auf die Zeit Liudgers zurückgehende Kirche in Billerbeck ist und bleibt die St. Johanniskirche.

Wichtig für die Verbreitung der Nikolaus-Verehrung und seine Popularität wurde die byzantinische Prinzessin Theophanu, die 972 ins ottonische Kaiserhaus einheiratete. Im 10. und 11. Jahrhundert stieg dann die Zahl der Nikolaus-Patrozinien in Kirchen, Kapellen und Klöstern geradezu sprunghaft an. Ein Hauptort der Nikolaus-Verehrung ist bis heute das italienische Bari. Während der Auseinandersetzung zwischen Muslimen und Byzantinern gelang es Kaufleuten von Bari im Jahre 1087, die angeblichen Gebeine des Bischofs Nikolaus zu entwenden und nach Italien zu bringen, wo sie heute noch in besonderer Weise verehrt werden. Unser direkter Nachbar, die Niederlande, eine alte Seefahrernation, verehren Nikolaus als Schutzpatron der Seefahrer.

Aus dem Schülerpatronat des Heiligen entwickelte sich auch in Münster ein Bischofsspiel, das im 14. und 15. Jahrhundert für die Domschule und die Martinischule belegt ist. Kern des Spieles war es, zum Nikolausfest einen Schüler zum Bischof zu ernennen. Neben einem eher liturgischen und katechetischen Zeremoniell waren diese Schülerspiele auch dazu angetan, am Nikolausfest herzhaft zu schmausen.

„Nikolaus, komm in unser Haus, pack deine große Tasche aus!" Das Lied deutet darauf hin, dass Nikolaus bis heute eine

Diese Marzipanform aus der ersten Hälfte des 20. Jahrhunderts zeigt schon, dass der Weihnachtsmann gegenüber dem Nikolaus die Oberhand gewinnt. Das Stück gehört zur ständigen Sammlung des Krippenmuseums in Telgte.

Auch diesmal hat der Nikolaus in Telgte für jedes Kind eine Tüte mit Süßigkeiten mitgebracht.

lange Tradition als Geschenke- und Gabenbringer aufzuweisen hat. „Bis ins 20. Jahrhundert hinein war nicht Weihnachten, sondern der Todestag des heiligen Nikolaus bei der katholischen Bevölkerung der wichtigste Geschenktermin für die Kinder", erläutert die münstersche Volkskundlerin Christiane Cantauw. Bis ins 17. Jahrhundert trat der Nikolaus bei solchen „Bescherungen" nicht „persönlich" auf. In der Bevölkerung allerdings war der „Einlegebrauch" verbreitet. Kinder stellten einen Stiefel oder Schuh an die Tür, damit Nikolaus ihn mit Obst, Süßigkeiten oder einem Stutenkerl fülle. Im Münsterland war es nach Angaben der Volkskundler auch üblich, dass Geschenke durch den Kamin geworfen wurden. Im 19. Jahrhundert wurde der Nikolaus mit dem schwarzen Begleiter „Knecht Ruprecht" auch zu einem schulischen Disziplinierungsinstrument und „Kinderprüfer". Kinder mussten ihre Verschen aufsagen, ansonsten drohten der Mann und sein Begleiter mit Sack und Rute. So verliert der Nikolaus in der industrialisierten und kommerzialisierten Welt des 19. Jahrhunderts allmählich auch seinen kirchlichen Hintergrund. In der bekannten Struwwelpeter-Erzählung steht er als der „böse Niklas" da, der ungezogene Kinder in ein Tintenfass taucht. Diese merkwürdige Figur entwickelt sich in den USA allmählich zum Weihnachtsmann und wird nicht zuletzt durch die Coca-Cola-Werbung zum gutmütigen, dicklichen Opa, der zur Weihnachtszeit mit dem Rentierschlitten umherfährt und die Geschenke verteilt.

Was für das Münsterland heute bleibt, sind Nikolausfeiern in Kindergärten, Schulen und Vereinen. Es gibt den Nikolausteller oder -stiefel mit Süßigkeiten. Ansonsten tummelt sich auf den diversen Weihnachtsmärkten und Weihnachtsfeiern häufig der Weihnachtsmann, im Zweifelsfall sogar mit blinkender Zipfelmütze.

„Hört der Engel helle Lieder"

Zeit der Besinnung, Zeit der Stille, doch auch Zeit der Hausmusik: In vielen Familien ist noch ein Stück Gesangs- und Musikkultur vorhanden, auch wenn die allgegenwärtige Berieselung mit Weihnachtsmusik das Gespür für die eigene, handgemachte Musik schwinden lässt. Im Blockflötenunterricht in der Grundschule oder beim privaten Klavierunterricht stehen vor Weihnachten zumeist adventliche oder weihnachtliche Melodien auf dem Stundenplan. So mancher kleine Flötist oder Trompeter hat sich schon auf dem Weihnachtsmarkt eine Mark oder einen Euro hinzuverdient, indem er die Besucher mit den passenden Liedern beglückte. Mit den in diesem Buch schon häufiger erwähnten „verschobenen Zeiten" hängt es wohl zusammen, dass das gute alte Adventslied, das eben noch von der stillen Erwartungshaltung und der geheimnisvollen Spannung kündet, gegenüber den überall abgespielten Weihnachtsliedern deutlich ins Hintertreffen geraten ist. Also brechen wir hier zunächst einmal eine Lanze für die Adventslieder, von denen sich etliche im katholischen Gebet- und Gesangbuch Gotteslob finden: „Wir sagen Euch an den lieben Advent, sehet die erste Kerze brennt", heißt es in dem geradezu klassischen Adventslied, das Maria Ferschl 1954 textete und Heinrich Rohr im selben Jahr mit einer schönen Melodie versah. Dieses Lied zieht sich wie die Lichter des Adventskranzes durch die Adventszeit. An jedem Sonntag wird sozusagen mit den insgesamt vier Strophen des Liedes eine weitere musikalische Kerze angezündet. Friedrich Spees „O Heiland, reiß die Himmel auf" (1622) gehört wie das vor 1623 von Georg Weißel gedichtete „Macht hoch die Tür, die Tor macht weit" oder „Komm, du Heiland aller Welt; Sohn der Jungfrau mach dich kund" (lateinischer Urtext aus dem 4. Jahrhundert von Ambrosius von Mailand) zu den alten, würdevollen und doch in ihrer herben Stimmung irgendwie zeitlosen Adventsliedern. Die Wachsamkeit und die Erwartungshaltung drückt das Lied „Wachet auf, ruft uns die Stimme der Wächter sehr hoch auf der Zinne" (Text und Melodie von Philipp Nicolai 1599) aus. Neueren Datums ist das Lied „Kündet allen in der Not: Fasset Mut und habt Vertrauen", dessen Text Friedrich Dörr 1972 schrieb. Wunderschön textete Jochen Klepper 1938 die Zeilen des Liedes „Die Nacht ist vorgedrungen, der Tag ist nicht mehr fern" (Melodie von Johannes Petzold, 1939). Von alle-

*1. Zu Bethlehem geboren
ist uns ein Kindelein.
Das hab ich auserkoren,
sein eigen will ich sein.
Eja, eja, sein eigen will ich sein.*

*2. In seine Lieb versenken
will ich mich ganz hinab;
mein Herz will ich ihm schenken
und alles, was ich hab.
Eja, eja, und alles, was ich hab.*

*3. O Kindelein, von Herzen
dich will ich lieben sehr
in Freuden und in Schmerzen,
je länger mehr und mehr.
Eja, eja, je länger mehr und mehr.*

*4. Dich wahren Gott ich finde
in meinem Fleisch und Blut;
darum ich fest mich binde
an dich, mein höchstes Gut.
Eja, eja, an dich mein höchstes Gut.*

*5. Dazu dein Gnad mir gebe,
bitt ich aus Herzensgrund,
dass dir allein ich lebe
jetzt und zu aller Stund.
Eja, eja, jetzt und zu aller Stund.*

(Gotteslob Nr. 140)

Traditionell am 2. Weihnachts-
tag führt die „Kantorei an der
Apostelkirche" in einem festlichen
Kantatengottesdienst abwech-
selnd eine der sechs Kantaten des
Weihnachtsoratoriums von
J. S. Bach auf.

Seite 159: Der Kirchenchor
Appelhülsen bereichert das Weih-
nachtsfest durch ein prächtiges
Konzert.

gorischer Tiefe ist das Lied „Es kommt ein Schiff, geladen bis
an sein' höchsten Bord", dessen Urtext im 15. Jahrhundert im
Elsass entstand. Im Eigenteil des Bistums Münster fügen sich
als häufig gesungene Adventslieder „Tauet Himmel, den Gerechten" (Landshut 1777) und „O komm, o komm, Emanu-
el, mach frei dein armes Israel!" (Chr. B. Verspoell, Münster,
1850) an.

Klaus Vetter, Kantor der Apostelkirchengemeinde in Münster, hat dankenswerterweise eine kleine „Hitliste" der beliebtesten evangelischen Adventslieder zusammengestellt. Hier
finden sich „Macht hoch die Tür" wieder und das von Martin Luther 1524 getextete „Nun komm der Heiden Heiland",
das nach derselben Melodie gesungen wird wie auf katholischer Seite das oben erwähnte Lied „Komm, du Heiland aller Welt". Neben den in beiden Kirchen beliebten Liedern „Es
kommt ein Schiff geladen" und „O Heiland, reiß die Himmel
auf" finden sich im evangelischen Gesangbuch unter anderem
noch folgende beliebte und vielfach gesungene Adventslieder:
„Wie soll ich dich empfangen" (Text: Paul Gerhardt 1653, Melodie: Johann Crüger 1653), das auch katholischerseits gesungene „Mit Ernst, o Menschenkinder, das Herz in euch bestellt"

Zum Heiligen Abend spielen in der münsterschen Kreuzkirche auch Bläser auf.

(Text: Valentin Thilo, 1642), „Gottes Sohn ist kommen" (Text: Böhmische Brüder, 1544), „Tochter Zion" (Text: Friedrich Heinrich Ranke, um 1820, Melodie von Georg Friedrich Händel,1747) und „O komm, o komm, du Morgenstern" (Text: Otmar Schulz 1975, Melodie: Frankreich, 15. Jahrhundert).

Im überwiegend katholischen Münsterland beginnt die Christmette am Heiligen Abend in der Regel mit dem überaus festlichen Ansingelied aus dem Eigenteil des Bistums Münster „Heiligste Nacht" (T. und M.: Chr. B. Verspoell 1810 nach Salzburg 1783). Mancher Pfarrer hat angesichts der am Heiligen Abend übervollen Kirchen den Liedanfang auch etwas umgedichtet und spricht dann ironisch von der „Heilig Steh-Nacht", weil viele Kirchenbesucher, die vielleicht nur zu Weihnachten in die Kirche kommen, mit Stehplätzen vorliebnehmen müssen. Zum Heiligen Abend passt auch das Lied „O selige Nacht" (T.: Chr. B. Verspoell 1810, M.: Augsburg 1800), und als typisches Gloria- und Jubellied „Menschen, die ihr wart verloren" (Chr. B. Verspoell,1810) mit seinem sich dreifach in die Höhe schraubenden und entsprechend fortissimo geschmetterten „Ehre sei Gott in der Höhe". Das früher eher volkstümliche „O du fröhliche" nach einer sizilianischen

Volksweise (Text von Johannes Daniel Falk, 1819, und von Heinrich Holzschuher, 1829) hat ebenso Aufnahme in den erweiterten Teil des Gotteslobs gefunden wie das Lied „Hört der Engel helle Lieder" (Text von Otto Abel, 1954) nach dem Vorbild eines bekannten französischen Weihnachtslieds. Die Christmette im Münsterland wird in der Regel beschlossen mit dem wohl weltweit bekanntesten Weihnachtslied „Stille Nacht", das Joseph Mohr und Franz Xaver Gruber 1818 komponierten und im Salzburger Land aufführten und das Einzug in die Gesangbücher beider Konfessionen gefunden hat.

An den Weihnachtsfeiertagen und den Sonntagen darauf gibt es reichlich Gelegenheit, das gesamte Weihnachsliederrepertoire in den Gottesdiensten oder daheim durchzusingen. Das altehrwürdige „Es ist ein Ros entsprungen" (T.: Mainz um 1587/88, Melodie: Speyerer Gesangbuch, Köln 1599) findet sich bei beiden Konfessionen mit etwas abgewandeltem Text. Ähnlich verhält es sich mit Martin Luthers „Vom Himmel hoch, da komm ich her" (1535/1539). Gemeingut ist ebenfalls „Lobt Gott, ihr Christen alle gleich, in seinem höchsten Thron" (Text und Melodie: Nikolaus Herman, 1560/1554) oder Friedrich Spees „Zu Bethlehem geboren ist uns ein Kindelein (1637). Beim Lied „Ich steh an deiner Krippen hier" mit dem hinreißend schönen Text von Paul Gerhardt (1653) findet sich im Evangelischen Gesangbuch die schönere Bachmelodie von 1736. Als häufig gesungenes Sondergut finden sich bei den evangelischen Christen unter anderem noch Lieder wie „Kommt und lasst uns Christus ehren" (Text: Paul Gerhardt, 1666) oder das so ungemein sangliche „Freuet euch, ihr Christen alle" (T.: Christian Keimann 1646, M.: Andreas Hammerschmidt, 1646). Auch zum Jahreswechsel und zum Fest Erscheinung des Herrn haben die Gesangbücher der beiden großen Konfessionen das passende Liedgut zu bieten.

Mit der Entwicklung des Weihnachtsfestes von einem kirchlichen zu einem eher familiären, bürgerlichen und privaten Fest hat sich auch das Liedgut gewandelt und ist um manches Volkstümliche angereichert worden. Vor allem im 18. und 19. Jahrhundert entstanden so zahlreiche Weihnachtslieder von „Ihr Kinderlein kommet" bis zu „Kling, Glöckchen, klingelingeling" und von „Alle Jahre wieder" bis zu „O Tannenbaum". Die seit den 50er Jahren enorm expandierende Musikindustrie hat das Weihnachtsthema in Rock- und Popsongs aufgegriffen. Obwohl Deutschland bei der Geburtenrate auf einem der letzten Plätze weltweit steht, hat sich in den ver-

1. Ich steh an deiner Krippe hier,
o Jesu, du mein Leben.
Ich komme, bring und schenke dir,
was du mir hast gegeben.
Nimm hin, es ist mein Geist und Sinn,
Herz, Seel und Mut, nimm alles hin
und lass dir's wohlgefallen.

2. Da ich noch nicht geboren war,
da bist du mir geboren
und hast mich dir zu eigen gar,
eh ich dich kannt, erkoren.
Eh ich durch deine Hand gemacht,
da hast du schon bei dir bedacht,
wie du mein wolltest werden.

3. Ich lag in tiefster Todesnacht,
du warest meine Sonne,
die Sonne, die mir zugebracht
Licht, Leben, Freud und Wonne.
O Sonne, die das werte Licht
des Glaubens in mir zugericht',
wie schön sind deine Strahlen.

4. Ich sehe dich mit Freuden an
und kann mich nicht satt sehen;
und weil ich nun nichts weiter kann,
bleib ich anbetend stehen.
O dass mein Sinn ein Abgrund wär
und meine Seel ein weites Meer,
dass ich dich möchte fassen.

(Gotteslob Nr. 141)

gangenen 20 Jahren hier zu Lande ein bedeutender Markt für Kinderlieder entwickelt, den Rolf Zuckowski aus Hamburg und der münstersche Liedermacher Detlev Jöcker eindrucksvoll dominieren. Lieder wie „In der Weihnachtsbäckerei" und „Dezemberträume" (Rolf Zuckowski) oder „Dicke rote Kerzen, Tannenzweigenduft" und „Hört ihr alle Glocken läuten" (Text: Rolf Krenzer, Melodie: Detlev Jöcker) gehören zum vorweihnachtlichen Standardprogramm in Kindergärten und Grundschulen. Ob dieses Liedgut auch noch in 100 Jahren gesungen wird, das muss man freilich erst einmal abwarten.

Das Weihnachtsoratorium des Königs der Musik, Johann Sebastian Bach (1685–1750), ist jedenfalls auch nach Jahrhunderten bis heute unerreicht und spornt die Chöre und Orchester des Münsterlandes von Jahr zu Jahr neu an, den Text- und Harmoniereichtum dieser Komposition immer wieder neu auszuloten. Zu den Traditionen im Münsterland gehört seit einigen Jahren der Besuch der Posener Nachtigallen unter der Leitung von Stefan Stuligrosz, die in Münster und Umgebung Advents- und Weihnachtslieder aus aller Herren Länder singen und dabei eine schier unglaubliche gesangliche Strahlkraft entwickeln. Eine jüngere Tradition sind auch die Gastspiele des Dresdner Trompetenvirtuosen Ludwig Güttler, der mit unterschiedlichen Bläser-Kollegien Jahr für Jahr in der Ladbergener Kirche zu Gast ist, um Spenden für die Frauenkirche in Dresden zu sammeln. Der Wiederaufbau ist erreicht, für die weitere Unterhaltung des Dresdner Gotteshauses und Wahrzeichens ist weiter Unterstützung erforderlich, und so wird Güttler auf Einladung des Ladbergener Fördervereins für die Frauenkirche sicher auch in den kommenden Jahren dort seine Gastspiele geben.

Bei alledem ist noch daran zu erinnern, dass die Wurzeln der Weihnachtslieder in der Kirche liegen und diese erst mit dem Wandel des Festes auch in den öffentlichen und familiären Raum Einzug hielten. Noch um die Wende des 20. Jahrhunderts war es nach Auskunft der Volkskundlichen Kommission für Westfalen üblich, dass Sängergemeinschaften oder Posaunenchöre durch die Gemeinden zogen und weihnachtliche Stimmung vermittelten. Viele Männerchöre im Münsterland bereiten auch heute noch zum Beispiel Altenheimbewohnern oder Patienten in den Krankenhäusern eine Freude mit einem adventlichen oder weihnachtlichen Ständchen.

Ein besonderer musikalischer Beitrag zum Weihnachtsfest sind die Adventshörner, die bis ins 20. Jahrhundert vor allem

im Kreis Steinfurt, im benachbarten Emsland und in den Niederlanden zu hören waren. Das „Middewinterblasen", dem Namen nach eben ein Mittwinterbrauch, hat sich besonders in den benachbarten Niederlanden bis heute erhalten. In Mettingen im Kreis Steinfurt dienten sogar mit Bast umwickelte Flaschen, aus denen der Boden herausgetrennt worden war, als Blasinstrument. Dieses Hornblasen ging nach Meinung von Volkskundlern wohl auch auf die Beteiligung von Hirten und Schäfern an der Christmette zurück. Weihnachtliche Hirtenstücke oder auch Hirtentänze als Formen halbliturgischen Theaters waren in früheren Jahrhunderten in Mode, wurden dann aber im Zeitalter der zur liturgischen Schlichtheit mahnenden Aufklärung mehr und mehr zurückgedrängt. Altes und neues Liedgut wird im westfälischen Volksliedarchiv gesammelt, das bei der Volkskundlichen Kommission für Westfalen des Landschaftsverbandes Westfalen-Lippe beheimatet ist und auch für Recherchen zur Verfügung steht.

Einer der berühmtesten Knaben- und Männerchöre der Welt, der Chor der Posener Philharmonie, bekannt unter dem populären Namen „Posener Nachtigallen", ist fast jedes Jahr in Münster und im Münsterland zu Gast und ergreift die Zuhörer mit adventlichen und weihnachtlichen Gesängen sowie großartiger Klangkultur. Sein Leiter, Stefan Stuligrosz, dirigiert den Chor seit 1939, also seit fast 70 Jahren.

Im Zweifelsfall mild und schmuddelig

Unser Winterwetter

Vergleichsweise selten muss in Münster der Schneeschieber eingesetzt werden. Meistens gibt es nur etwas Pappschnee, der tags darauf wieder wegtaut.

Es gibt wohl kaum ein Kind im Münsterland, das nicht auf einen schönen knackig-kalten Winter und viel Schnee hofft. Die Erwachsenen hingegen setzen darauf, möglichst ohne Rutschpartie durch die kalte Jahreszeit zu kommen. Dennoch: Der legendäre US-Sänger Bing Crosby wurde mit seinem weltweit bekannten Schlager „White Christmas" unsterblich. Auch im Münsterland träumt man von der „Weißen Weihnacht". Meistens allerdings vergeblich. Nur selten rieseln die heiß ersehnten weißen Flocken pünktlich zur Bescherung. Falls doch, dann halten aufmerksame Zeitgenossen das sogar im Tagebuch fest. So werden sich viele Menschen im Münsterland vielleicht noch an das erste Jahr des neuen Jahrtausends erinnern. Ein Bösenseller notiert am 24. Dezember 2000 um 21.12 Uhr in sein Tagebuch: „Leise rieselt der Schnee. Den ganzen Tag hatten wir darauf gewartet, pünktlich zur Bescherung fielen die ersten Flocken." Und einen Tag später heißt es eine Tagebuchseite weiter: „Der Traum von einer weißen Weihnacht ist wahr geworden. Rund zehn Zentimeter Schnee türmten sich bis heute früh in Bösensell. Ganz Norddeutschland ist weiß. Im Süden regnet es. Eine Stunde waren wir am Vormittag draußen, mit Schlitten und Schaufel."

In einem Lied des Kinderliedermachers Rolf Zuckowski heißt es so schön: „Winterkinder können stundenlang am Fenster steh'n und voll Ungeduld hinauf zum Himmel seh'n." Dieses Lied erinnert viele Erwachsene an die eigene Kindheit, an die Ungeduld, mit der man nach einem nebligen, nassen Herbst auf die ersten Flocken oder nur auf die erste Frostnacht wartete. Ich kann mich gut daran erinnern, dass ich als Kind in einer der ersten klaren Oktobernächte, die Frost verhieß, stets eine Blechschüssel mit Wasser auf den Rasen stellte. Triumphierend wurde die Schüssel mit Eis am nächsten Morgen ins Haus geholt. Auf dem mit Raureif überzogenen Rasen ließ sich mit den Füßen trefflich eine „Treckerspur" trampeln. Ende Oktober konnte man dann auch auf dem Weg zur Dyckburgkirche bereits auf der glatten Fahrbahn der Mariendorfer Straße schlindern. Wenn hinter den Bäumen des Boniburger Waldes in Münster-St. Mauritz glutrot die Dezembersonne aufging und die Wolken färbte, hieß es, dass die Engelchen im Himmel sicher schon den Ofen aufheizten, um Weihnachtsplätzchen zu backen. Für Kleinkinder eine entzückende Vorstellung.

Jede kleine Schneeschicht wird im Münsterland zur Rodelpartie genutzt. In Münster rutschen die Kinder die Rasenwälle der ehemaligen Stadtbefestigung an der Promenade herab, auch wenn das Gras noch durch den Schnee schaut. Jedes Kind im Münsterland kennt irgend eine abschüssige Straße oder einen Hügel, wo bereits wenige Zentimeter Schnee ausreichen, um die Abfahrt zu wagen. Bei uns zu Hause in Münster-Mariendorf traf sich in den 60er und Anfang der 70er Jahre die ganze Straße „Im Sundern" zur Rodelpartie. Der Abhang im eigenen Garten war nur wenige Meter lang, mit Anlauf wurde der Schlitten in Fahrt gebracht, um dann 20, 30 Meter weit auf dem Bauch den nur wenig abschüssigen Hang hinunterzugleiten. Blaue Flecken über den Knien zeugten von den unzähligen Versuchen, sich möglichst schwungvoll auf den Schlitten zu werfen. Ich entsinne mich, dass der Winter 1969/1970 ein besonders langer und vergleichsweise idealer Rodelwinter war, und da passte es vorzüglich, dass ich damals einen großen Davos-Schlitten zu Weihnachten bekam, der in jenem Winter besonders häufig genutzt wurde.

Die Nähe zur Nordsee und häufig anzutreffende Westwindwetterlagen machen aus dem Münsterland-Winter in der Regel ein graues, nebliges Etwas, und nur an wenigen Tagen ist eine geschlossene, nur wenige Zentimeter dicke Schneedecke zu erleben. Der Frost beißt nicht besonders. Doch etwa alle zehn Jahre schlägt der Winter trotz der allgemeinen Klimaerwärmung, von der die Wetterforscher berichten, härter zu. Dass er dann mitunter sogar noch im März oder April heftige Rückzugsgefechte liefert, ist nicht vollkommen ungewöhnlich. Die etwas knackigeren Ausnahmewinter sind in Münster zum Beispiel daran zu erkennen, dass der Aasee zufriert. Der künstlich erweiterte Innenstadtsee dient dann als Schlittschuhläufer-Treffpunkt. Wegen seiner Zuflüsse, der mittleren Strömung und mancher Brückenbereiche ist das Eislaufen hier nicht ungefährlich. Deshalb ziehen es viele Familien vor, die Rieselfelder im Osten der Stadt aufzusuchen. Das geklärte Wasser steht hier nur etwa knietief auf den Feldern und ist meistens schon nach einigen mäßigen Frostnächten von etwa minus zehn Grad befahrbar. Die Vogelschützer freilich sehen den großen Aufmarsch der Schlittschuhläufer und Hobby-Eishockeyspieler nicht so gerne, denn dieses Areal zählt zu den bedeutenden europäischen Vogelschutzgebieten. In der Regel ist aber Raum genug, damit sich Mensch und Getier aus dem Weg gehen können.

Neblige Winterstimmung auf dem Havixbecker Bahnhof. Der Triebwagen bahnt sich mit seinen Passagieren den Weg durch die Nacht.

Die Kreuzigungsgruppe an der Bösenseller St.-Johannes-Kirche sieht nach dem Schneetreiben ganz ungewohnt aus.

Ein Paradebeispiel für einen ungewöhnlich langen und schon etwas härteren Winter im Münsterland liegt erst kurze Zeit zurück. Der Winter 2005/2006 wird sogar in die Wettergeschichte eingehen, denn er bescherte ein Schneechaos, wie es das Münsterland in dieser Form bis dahin nicht erlebt hat. Der Deutsche Wetterdienst meldete: „Pünktlich zum ersten Adventwochenende hatte der Winter praktisch ganz Deutschland fest im Griff. Nur wenige Regionen waren schneefrei. Dabei war die Schneeverteilung nicht überall so, wie man es gewohnt ist, sondern traf auch Gebiete, die gewöhnlich keine hohen Schneemassen verzeichnen. Vor allem in einem Streifen vom Weser- und Wiehengebirge über das nördliche Münsterland und den Niederrhein bis zu den Niederlanden hat Schneetief Thorsten von Freitagnachmittag (25.11.2005) bis Sonnabend (26.11.2005) weiße Pracht in selten beobachter Höhe zurückgelassen." Die Wetterstation am Flughafen Münster-Osnabrück registrierte nach Angaben des Deutschen Wetterdienstes 28 Zentimeter Schnee, und man muss schon sehr weit in den Wetteraufzeichnungen zurückgehen, um eine derartige Schneehöhe im Herbstmonat November zu finden. Am 16. November 1919 wurden an der „alten" Wetterstation vor den Toren Münsters schon einmal 30 Zentimeter gemessen. Die Rekordmarke für Münster seit Beginn der dortigen Aufzeichnungen im Jahre 1891 wird beim Deutschen Wetterdienst mit 38 Zentimetern Schnee (am 28. Januar 1897) angegeben.

Die Schneemassen am ersten Adventswochenende 2005 führten im Münsterland im Verkehr und bei der Stromversorgung zu teilweise katastrophalen Bedingungen. Ursache dafür waren besonders die Witterungsbedingungen, unter denen der Schnee fiel. Nicht leichter Pulverschnee, sondern tonnenschwerer Nassschnee wickelte sich bei Temperaturen um null Grad um Bäume, Strommasten und Überlandleitungen. Hinzu kam ein böiger Wind, der die dick mit Schnee und Eis ummantelten Leitungen in Schwingungen versetzte und viele Masten wie Streichhölzer umknicken ließ. Die Folgen: Viele Bahnreisende strandeten am 25. November 2005 in Münster und mussten teilweise im Schutzraum des Bahnhofs ausharren, weil die Strecken in den Norden durch geknickte Bäume und zerstörte Oberleitungen blockiert waren. Hunderttausende Bewohner im nördlichen und westlichen Münsterland blieben für mehrere Tage ohne Strom. Besonders die Stadt Ochtrup wurde in jener Zeit in Deutschland zum Synonym für

Schneechaos und Stromausfall. Besonders schlimm traf es die Landwirte, die erst nach Stunden und Tagen mit Notstromaggregaten versorgt wurden, so dass sie dann wenigstens die Kühe melken und die elektronisch gesteuerten Fütterungsmaschinen starten konnten. Die Ochtruper Stadthalle wurde zur Anlaufstation für Menschen, die der Kälte in den eigenen vier Wänden entfliehen und sich mit einem Süpplein aufwärmen wollten. Der nordrhein-westfälische Ministerpräsident Jürgen Rüttgers und Münsters Regierungspräsident Jörg Twenhöven besuchten die Krisenregion Münsterland, die sonst nur selten in die Hauptnachrichten der Fernsehsender rückt.

Im Großen und Ganzen lief dieses Schneechaos noch glimpflich ab. Der nordrhein-westfälische Stromversorger RWE sah sich allerdings heftiger Kritik ausgesetzt. Vorwürfe wurden laut, der Energiekonzern habe von der spröden Beschaffenheit seiner Stahlmasten gewusst und nichts unternommen. Gerichtliche Gutachten stellten einige Monate später fest, dass RWE keine Fahrlässigkeit bei der Wartung der Strommasten nachzuweisen sei. In etlichen Expertisen hieß es, gegen die ungewöhnliche Wetterlage mit den schweren Schneemengen sei man letztlich machtlos gewesen. Immerhin stellte RWE später fünf Millionen Euro in einem Hilfsfonds für besonders betroffene Betriebe bereit. Wie immer in der Not war die Hilfe nicht weit. Feuerwehren und das Technische Hilfswerk rückten mit ihren Mitarbeitern aus nah und fern heran. Vor allem funktionierte die Nachbarschaftshilfe. Wer noch einen Kaminofen im Haus hatte, konnte Wärme spenden. Manche warfen auch den Gasbrenner oder den Holzkohlegrill an, um wenigstens eine Suppe oder ein paar Bratwürste zuzubereiten. Es blieb die Erkenntnis, dass man sich im Zweifelsfall für einige Tage auf das wirklich Notwendige beschränken kann und muss. Manche empfanden die Stille und Häuslichkeit vielleicht sogar als Gewinn in einer Zeit, die uns gerade vor Weihnachten so laut und lichtüberflutet entgegentritt. Bei manchen wuchs vielleicht auch die Erkenntnis, dass unser modernes und auf rastlose Mobilität fixiertes Leben mit seinen Maschinen und Apparaturen doch sehr labil und störanfällig ist, wenn mal ein paar Zentimeter Schnee mehr fallen als gewöhnlich.

Der Deutsche Wetterdienst stellte abschließend ganz nüchtern fest: „Ursache für diese Extremwitterung war eine Nordwestströmung, in der das Tief ‚Thorsten‘ über die Nordsee nach Nordwestdeutschland zog. Dabei wurde hochreichende Kaltluft herangeführt. Diese Luft nahm über der Nordsee

Will sehen, was ich weiß,
vom Büblein auf dem Eis

Gefroren hat es heuer
noch gar kein festes Eis.
Das Büblein steht am Weiher
und spricht zu sich ganz leis:
„Ich will es einmal wagen,
Das Eis, es muß doch tragen.“
Wer weiß?

Das Büblein stampft und hacket
mit seinem Stiefelein.
Das Eis auf einmal knacket,
und krach! Schon bricht's hinein.
Das Büblein platscht und krabbelt,
als wie ein Krebs und zappelt
mit Schrei'n:

„O helft, ich muß versinken
in lauter Eis und Schnee!
O helft, ich muß ertrinken
im tiefen, tiefen See!“
Wär nicht ein Mann gekommen,
der sich ein Herz genommen,
o weh!

Der packt es bei dem Schopfe
und zieht es dann heraus.
Vom Fuße bis zum Kopfe,
wie eine Wassermaus.
Das Büblein hat getropfet.
Der Vater hats geklopfet
zu Haus.

Friedrich Güll (1812–1879)

Auf dem Teich bildet sich eine erste zarte Eisschicht. Doch meistens beißt der Frost im Münsterland nicht besonders.

große Mengen an Feuchte auf, die dann als Schnee über dem Land wieder abgegeben wurde. Im Laufe seiner Entwicklung füllte sich das Tief immer mehr mit Kaltluft auf und kam aus der Nordwestströmung in ein Gebiet mit nur noch schwacher Strömung in der höheren Atmosphäre. Daher bewegte sich das Tief kaum noch weiter, so dass die Schneefälle über lange Zeit in der gleichen Region niedergingen und zu den extremen Neuschneemengen führten." Im weiteren Verlauf des Winters kam es aufgrund der Schneemengen an den Alpen und vor allem im Bayerischen Wald zu chaotischen Verhältnissen. In Bad Reichenhall brach am 2. Januar 2006 die Eislaufhalle unter der Schneelast ein, es waren 15 Tote und zahlreiche Verletzte zu beklagen. Am 28. Januar 2006 stürzte im oberschlesischen Kattowitz das Dach der größten Halle des Messegeländes ein und forderte nach offiziellen Angaben 65 Todesopfer und rund 170 Verletzte. Im Bayerischen Wald türmte sich der Schnee in Rekordhöhe, auf dem Feldberg im Schwarzwald wurden fast fünf Meter Schnee gemessen. Die Tauwetterperiode im März und April 2006 ließ vor allem die Elbe ansteigen und malerische Ortschaften wie Hitzacker in Niedersachsen im Wasser versinken. Es war das Nachspiel eines langen, kalten und vor allem schneereichen Winters.

Eine ungewöhnlich harte Frostperiode wurde in Deutschland auch zum Jahreswechsel 1996/1997 registriert. In der Neujahrsnacht war es in Münster so kalt, dass man mit bloßen Händen kaum die Raketen anzünden konnte. Der Aasee verwandelte sich in jenen Tagen wieder einmal in ein Schlittschuhläufer-Areal. Die Kälteperiode mit Dauerfrost reichte etwa vom vierten Advent bis Mitte Januar, es war bis minus 16 Grad kalt.

Noch in lebendiger Erinnerung ist die „Schneekatastrophe" zur Jahreswende 1978/1979. Seit dem 29. Dezember 1978 führten orkanartige Schneestürme zu katastrophalen Verhältnisse vor allem in Norddeutschland. Von Norden her rückte eine Kältefront Stunde für Stunde nach Süden vor und erreichte auch das Münsterland, wo sich pulvrige Schneewehen türmten. Am stärksten betroffen war jedoch der Norden, vor allem Schleswig-Holstein, wo schweres Räumgerät der Bundeswehr zum Einsatz kam. 150 Ortschaften waren von der Außenwelt abgeschnitten, in 80 Gemeinden fiel der Strom aus. Viele Menschen saßen in ihren Autos auf den Straßen fest, es waren auch Todesfälle zu beklagen. Im Münsterland zeigte sich der Eiswinter von der schöneren Seite. In Münster war es

Und nun kriegt der Schneemann in Münster auch noch einen richtig schönen Hut auf den Kopf!

bis zu minus 17 Grad kalt. In der Neujahrsnacht, so steht es in einem meiner Tagebücher, fror der Teich an der Dyckburgkirche in Münster so schnell und dick zu, dass am Neujahrstag Schlittschuhlaufen möglich war.

Sechs Wochen später, Mitte Februar, zog ein weiterer Schneeorkan über Norddeutschland hinweg. Besonders hart traf es dann Mecklenburg und die Insel Rügen, wo Räumpanzer der Nationalen Volksarmee der DDR sich den Weg zu den vom Schnee eingeschlossenen Inselbewohnern bahnten. Auch das Münsterland hatte wiederum mit hohen Schneeverwehungen zu kämpfen, doch stellte sich die Situation im Vergleich zu Niedersachsen oder Schleswig-Holstein hier vergleichsweise glimpflich dar. Erst Mitte März ließ der eisige Griff des Winters nach.

Viele Leser werden sicher auch noch den langen und besonders eisigen Winter 1962/1963 in Erinnerung haben, der für die Region Mitteleuropa allgemein sogar als Jahrhundertwinter bezeichnet wird. Wie es mit dem Wetter weitergeht, das wissen nicht einmal die Meteorologen. Trotz messbarer deutlicher Klimaerwärmung in den vergangenen 100 Jahren sind kalte Winter nicht ausgeschlossen. Es zeigt sich jedoch, dass

Ein traumhafter Winterblick auf den Turm der Pfarrkirche
St. Johannes Baptist in Bösensell. Das Schneechaos Ende No-
vember 2005 hatte auch seine malerischen Seiten.

die Erwärmung des Klimas extreme Wetterlage begünstigt. Orkanartige Winde, Hitzewellen und große Regenmassen im Sommer sowie starke Schneefälle im Winter sind Ausdruck dafür, dass die Atmosphäre aus dem Gleichgewicht gerät.

Ein Winter mit Frühlingstemperaturen und kaum Frost und Schnee? Einen solchen milden „Jahrhundertwinter" gab es 2006/2007, und es hat in Münster und im Münsterland in den vergangenen 100 Jahren keinen milderen Winter gegeben, wie der Diplom-Meteorologe Helmut Klimmek vom Deutschen Wetterdienst in Essen erläutert. Allerdings wurde der bisherige Wärme-Rekordhalter, der Winter 1974/75 nur ganz knapp geschlagen, um 0,1 Grad. Damals betrug die Winter-Durchschnittstemperatur 6,2 und diesmal 6,3 Grad. Normal seien lediglich 2,3 Grad. Auch die Niederschlagsmengen tanzten aus der Reihe. Alle drei Wintermonate, Dezember, Januar und Februar, waren zu warm. Der Dezember war zu trocken (64 Prozent Niederschlagsmenge), Januar (173 Prozent) und Februar (169 Prozent) waren deutlich zu nass, das ging auf Kosten der Sonnenscheindauer, die nur 100 Stunden betrug. Üblich sind in den drei Wintermonaten rund 150 Stunden. Das trübe Wetter ging vielen Menschen regelrecht auf den Geist. Ungeachtet der Klimadiskussionen beeilen sich Wetterkundler zuweilen schnell damit, von natürlichen Schwankungsbreiten des Klimas zu spechen. Doch: Der Orkan Kyrill vom 18. auf den 19. Januar 2007 fegte in ungekannter Wucht über Deutschland, traf auch das Münsterland in aller Härte und fachte zudem die Diskussionen um den Klimawandel neu an. Mindestens 46 Tote waren in Europa zu beklagen, allein in Deutschland starben elf Menschen. Es gab Hunderte Verletzte. Im Münsterland entstanden Millionenschäden an Hausdächern oder Autos, in ganz Deutschland sprachen die Versicherungen später sogar von einer Schadenssumme in Höhe von rund drei Milliarden Euro. Allein die Stadt Münster verlor rund 12.000 Bäume. Man sprach hier von den schlimmsten Sturmschäden in der Nachkriegszeit. Der Bahnverkehr im Münsterland war teilweise tagelang unterbrochen. Am sichtbarsten sind die Schneisen, die der Sturm zog, bis heute am münsterschen Hindenburgplatz, wo die Lindenbäume der Promenade gleich reihenweise umstürzten und später auch zum Teil nachträglich gefällt werden mussten. Das Schlaunsche Schloss steht nun weitgehend unbegrünt in der Gegend. Die Hohe Ward in Hiltrup war wohl das am schlimmsten betroffene Forstgebiet in Münster. Hier wurden rund 10 000 Bäu-

Die Statue des Brevier betenden Dorfpfarrers von Bösensell, eine Bronzeskulptur des Sendenhorster Künstlers Bernhard Kleinhaus, ist mit einer Schneehaube verziert.

Für die Radfahrer wird die Fahrt durch Münster zur gefährlichen Rutschpartie.

me entwurzelt. Auch im Umland gab es spektakuläre Schäden: Das Dach der Bismarck-Grundschule in Burgsteinfurt wurde durch den Orkan fast komplett weggerissen und zerstörte dabei noch ein Nachbarhaus. Der eigentlich denkmalgeschützte Bahnhof von Appelhülsen wurde ebenfalls schwer beschädigt und musste Anfang April 2007 schließlich abgerissen werden. Die Aufräumarbeiten in Münster und im Münsterland dauerten bis weit in das Frühjahr hinein. Vielfach wurden auch Forstarbeiter aus dem Ausland eingesetzt, um die Aufräumarbeiten zu beschleunigen und den Befall der Wälder durch Schädlingsinsekten zu verhindern. Im staubtrockenen April 2007 mit sommerlichen Termperaturen stieg die Waldbrandgefahr in den teilweise immer noch verwüsteten Waldgebieten. Erst nach rund sechs Wochen Trockenheit fiel dann in der zweiten Maiwoche 2007 der lang ersehnte ergiebige Niederschlag. Für manche Getreidefelder kam er allerdings zu spät.

Weihnachten gestern und heute

Ein Überblick über die Geschichte des bei vielen Menschen beliebtesten Festes lohnt sich. Der Volkskundler und Theologe Manfred Becker-Huberti unterscheidet hier sieben Stufen von der Spätantike bis zur Gegenwart.

Im dritten bis fünften Jahrhundert wird Weihnachten zum Fest, denn nach dem Ende der Christenverfolgung, die noch die Enderwartung auf den wiederkommenden Christus in den Vordergrund stellte, konzentriert sich das Interesse nun auf die Menschwerdung (Inkarnation) Christi. Bei dem für unser Glaubensbekenntnis zentralen Konzil von Nizäa 325 heißt es: Christus ist wahrer Gott und wahrer Mensch und eines Wesens mit dem Vater. Das Konzil von Konstantinopel bestimmt im Jahre 381 den 25. Dezember als Termin des Geburtsfestes Jesu. Zwei Faktoren haben offenbar den Termin des Weihnachtsfestes beeinflusst. Zum einen der Versuch, das Datum der Geburt Jesu aus Schriften und Tradition zu „berechnen", was freilich reine Spekulation war. Handfester ist zweifellos die religionsgeschichtliche Hypothese, dass der Termin des Geburtsfestes Jesu mit dem Fest des unbesiegten Sonnengottes (natale solis invicti) zusammenhängt. Dieses Fest hatte der römische Kaiser Aurelian 274 eingeführt und in der Nähe der Wintersonnenwende (25. Dezember) platziert. Die Christen haben, so die schlüssige These, das römisch-heidnische Fest verchristlicht und Jesus als „Licht der Welt" und „Sonne der Gerechtigkeit" gefeiert und somit das römische Fest schlagkräftig umgedeutet.

Ein Fest im Wandel der Zeiten

Simon und David stimmen die Passanten am Lambertikirchplatz mit Geige und Klarinette auf das Weihnachtsfest ein.

Keine Frage, für viele Menschen geht Weihnachten vor allem durch den Magen. Doch die Preise auf den Weihnachtsmärkten haben es manchmal ganz schön in sich, vor allem wenn man an alte D-Mark-Zeiten zurückdenkt und umrechnet.

Im 5. und 6. Jahrhundert wird Weihnachten zum Hochfest. Die Germanenmission fördert das Weihnachtsfest als Gedenken der Menschwerdung Jesu, auch wird das Fest bei der Ummissionierung der Arianer bewusst in Stellung gebracht, um die Gottmenschheit Christi zu unterstreichen. Die Arianer nämlich sehen Christus nur als Gottes vornehmstes Geschöpf und nicht als wesensgleich mit Gott an. Die besondere Stellung des Weihnachtsfestes wird auch durch die Taufe des Merowingerkönigs Chlodwig, wahrscheinlich Weihnachten 496, und die Krönung Karls des Großen zum Kaiser in Rom an Weihnachten 800 unterstrichen. Auf der Synode von Mainz 831 wird das Weihnachtsfest förmlich als viertägiger Festreigen bestätigt.

Zwischen dem 6. und 9. Jahrhundert entwickelt sich der Weihnachtsfestkreis. Während Ostrom die Menschwerdung Jesu mit seiner Göttlichkeit verbindet und den 6. Januar als Tauffest feiert, verlagert die weströmische Kirche das Fest dauerhaft auf den 25. Dezember. Ähnlich wie um Ostern mit Himmelfahrt und Pfingsten entsteht ein weihnachtlicher Dreiklang mit Geburtsfest, Erscheinung des Herrn am 6. Januar und Lichtmess am Schluss. Die Adventszeit wird wie die Fastenzeit zur Vorbereitungszeit auf das Hochfest genutzt, die Sonntage nach Epiphanie bilden den Nachklang des Weihnachtsgeschehens. Der christliche Festkreis mit Weihnachten und Ostern rankt sich nun um zwei zentrale Angelpunkte.

Vom 9. bis 16. Jahrhundert wird Weihnachten, wie Manfred Becker-Huberti es formuliert, „emotionsgeladen". Marien- und Christusfrömmigkeit führen vor allem durch die Mystik zur allgemeinen religiösen Verinnerlichung. Neue Brauchtumsformen und künstlerische Darstellungen des Weihnachtsereignisses kommen in Mode, der hl. Franziskus errichtet 1223 in Greccio erstmals eine dreidimensionale Krippe mit lebenden Figuren. Auch in den Kirchen halten langsam die Krippen in Form von aufgestellten Figuren Einzug. Bildnisse des Weihnachtsgeschehens waren allerdings wohl auch schon seit dem 2./3. Jahrhundert bekannt.

Vom 16. bis 19. Jahrhundert wird Weihnachten allmählich zum Kinderbeschenktag. So schafft der Reformator Martin Luther um 1535 die traditionelle Kinderbescherung am Nikolausabend ab. Kinder erhalten nun nach protestantischer Tradition an Weihnachten die Geschenke durch den „heiligen Christ". Nur in den protestantischen Niederlanden bleibt Nikolaus gewissermaßen als Nationalheiliger der Gabenbringer.

Das Christkind setzt sich ab 1900 auch in katholischen Gegenden durch. Der Nikolaus wird in der Neuen Welt zum Santa Claus und mutiert spätestens mit der Coca-Cola-Werbung zum weltweit bekannten Weihnachtsmann und Gabenbringer, so dass er in einer weitgehend säkularisierten westlichen Welt das Christkind ablöst.

Im Zweifelsfall muss es glitzern und blinken. Weihnachtsmann-Mützen und Sticker leuchten um die Wette.

Vom 18. bis 20. Jahrhundert wandelt sich das kirchlich geprägte Weihnachten mehr und mehr auch zum privaten Familienfest. Bräuche, die ursprünglich in der Kirche zu Hause waren, werden in den privaten Raum übernommen (Adventskranz, Weihnachtsbaum, Musik und Gesang), zunächst bei Adel und vornehmen Bürgersleuten, dann auch in breiten Bevölkerungskreisen. Unsere heute bekannte Weihnachtstradition in Deutschland stellt eine Mischung aus romantischem Biedermeier-Familienidyll und auch nationalchauvinistischen Einflüssen in Folge des deutsch-französischen Krieges 1870/71 dar. Die flächendeckende Einführung des Weihnachtsbaums wird durch die Eisenbahn erleichtert, Ersatzstoffe für Wachs lassen die Kerzen in allen Stuben brennen. Der erste Weltkrieg stilisiert die Frontweihnacht mit Lichterbaum im Schützengraben. Weihnachten kommt in der Folgezeit fortschreitend als Konsum- und Familienfest in Mode. Die Nationalsozialisten deuten das Fest als germanisches Julfest, Wintersonnenwende und romantisch-heimeligen Friedenshort für die Männer an der Front um. Während Westdeutschland nach dem 2. Weltkrieg wieder an die romantische Tradition mit wach-

sender Konsumorientierung anknüpft, geht das sozialistische Ostdeutschland einen anderen Weg und sucht das Fest seiner christlichen Wurzeln zu entkleiden. Es wird jenseits der christlichen Minderheit zum reinen Familienfest, praktisch ohne jede Glaubensbezüge.

Im 20. und nun auch im 21. Jahrhundert steht Weihnachten ohne Zweifel immer mehr in der Gefahr, ein rein konsumorientiertes Folklorefest zu werden. In unseren Breiten bestimmen weitgehend Wirtschaft und Handel den Ablauf des Festes und bewirken überdehnte und verschobene Weihnachtszeiten. Schon im Spätsommer werden die Regale mit Weihnachtsleckereien bestückt. Der Weihnachtsbaumschmuck dominiert mit Beginn der Oktoberferien die Kaufhäuser. Der Einzelhandel versucht mit dem Weihnachtsgeschäft zwischen 25 und 33 Prozent des Jahresumsatzes zu erreichen. Aus Advents- oder Nikolausfeiern werden grelle Kneipenpartys, Ferienreisen in Skigebiete oder ferne Sonnenländer sind für nicht wenige Zeitgnossen eine Flucht vor einer als Belastung empfundenen Weihnachtszeit, in der vielleicht Einsamkeit oder familiäre Zwistigkeiten programmiert sind. Die meisten Städte geben sich nicht mehr mit einem einzigen Weihnachtsmarkt zufrieden, sondern bieten auf allen verfügbaren Plätzen die gesamte Palette zwischen Glühweinduft, Kerzengeflimmer und unaufhörlichem Musikgedudel an.

Beim Weihnachtsmarkt in Appelhülsen bestaunen diese Gäste die kunstvoll gefertigten Bienenwachskerzen (rechts). Derweil genießen die Kinder in Havixbeck eine Fahrt mit der kleinen Eisenbahn (unten).

Engel haben zur Weihnachtszeit Hochkonjunktur. Deswegen sind sie auf den Weihnachtsmärkten in allen Formen und Farben zu finden.

Einen merkwürdigen Kontrast bildet die Tatsache, dass Deutschland zwar eines der kinderärmsten Länder der Welt ist und dennoch spezialisierte Verlage und Komponisten wie Rolf Zuckowski aus Hamburg oder Detlev Jöcker aus Münster Jahr für Jahr neue weihnachtliche Kinderbücher und Kinderlieder auf den Markt bringen, die sich auf ihrem Weg durch Kindergärten, Gruppen und Schulen schnell durchsetzen. Während hier zuweilen noch deutliche Restbestände christlicher Tradition durchklingen und Weihnachten als Fest der Kinder verstanden wird, so ist die gesamte Branche der Schlager-, Volks- und Popmusik schon seit Jahrzehnten in ein gefühlsseliges Weihnachtswunderland mit märchenhaften Zügen unterwegs. Unaufhörliche Reproduktionen dieser musikalischen Konsumware tönen aus allen Fernseh- und Radiosendern und lösen wie auch die Fülle der zum Kauf lockenden Gaben und Geschenke bei vielen Menschen ein Gefühl hilfloser Übersättigung aus.

Vielleicht keimt gerade hier allmählich ein neues Gespür für die eigentliche Botschaft von Weihnachten: Gott teilt sich in seiner unendlichen Liebe den Menschen mit und schenkt uns seinen Sohn, das Licht der Welt.

„Frohe Weihnachten!"

Im katholischen Gesang- und Gebetbuch „Gotteslob" heißt es: „Die Familie feiert Weihnachten am Heiligen Abend, vor oder nach dem Weihnachtsgottesdienst (Christmette). Sie versammelt sich vor der Krippe, die das Geschehen der Heiligen Nacht darstellt, und um den Christbaum, der uns an den Baum des Lebens und an Christus als Licht der Welt erinnert. Der Vater liest das Evangelium von der Geburt des Herrn; Weihnachtslieder und Gebete, vor allem der „Engel des Herrn", lassen uns spüren, was der Grund des Feierns und der Geschenke ist: Gott hat uns seinen eigenen Sohn geschenkt."

Jede Familie hat wohl im Lauf der Jahre eigene kleine Traditionen entwickelt, wie das „richtige" Weihnachten auszusehen hat. In Familien mit Kindern gehört es dazu, den Ablauf sorgfältig zu planen und die gespannte Erwartung ein wenig abzumildern. Nicht selten, wenn es besonders festlich und feierlich zugehen soll, sind die Nerven angespannt.

Die Frage, wann eigentlich die Bescherung stattfindet, ist im weitgehend katholischen Münsterland übrigens nicht eindeutig festgelegt. Der Autor dieser Zeilen, Jahrgang 1963, erinnert sich daran, dass in seiner Familie zwei Bescherungstraditionen aufeinanderstießen. Während der Vater aus Wolbeck, wiederum mit Vorfahren vom Niederrhein und aus der Soester Börde, die Bescherung am Heiligen Abend gewohnt war, hielt die mütterliche Tradition mit Wurzeln in Gimbte und Münster am Bescherungstermin am ersten Weihnachtstag fest und

Wie Westfalen ihr schönstes Fest feiern

Höchste Zeit für den Kauf des Weihnachtsbaums. Nordmann-tannen stehen auch im Münster-land hoch im Kurs. Weil sie nicht so pieksen und nadeln.

*In der Christvesper der Apostel-
Kirchengemeinde sind als En-
gel verkleidete Kinder bei einem
weihnachtlichen Szenen-Spiel
im Einsatz (oben und rechte Sei-
te unten). Weihbischof Friedrich
Ostermann hat schon ein paar
Tage vor dem Fest mit den Kin-
dern im Dom zu Münster das
Friedenslicht aus Bethlehem an-
gezündet. Es erinnert an den
Krisenherd Nahost und lädt zu
Besinnung und Gebet für den
Frieden in der Welt ein.*

setzte sich auch durch. Der Heilige Abend gestaltete sich so vergleichsweise ruhig. In der Regel wurde das Wohnzimmer in unsererm Haus in Münster-Mariendorf schon ein oder zwei Tage vor dem Heiligen Abend abgedunkelt und verschlossen. Das Christbaumschmücken ging ebenfalls hinter verschlossenen Türen vor sich. Am Heiligen Abend selbst hatte ein ausgedehnter Spaziergang durch den Boniburger Wald, manchmal bis über die Werse nach Handorf, Tradition. Ein Anziehungspunkt für uns vier Kinder war dort stets das Haushalts- und Spielzeugwarengeschäft Nientiedt, wo die Schaufensterauslagen die Bescherungs-Fantasien ungemein beflügelten. Nach dem Weihnachtsgottesdienst in der Dyckburgkirche am frühen Abend, bei dem die Messdienerkollegen im Zweifelsfall in der Sakristei schon von ihrer Bescherung berichteten, ging es frohgestimmt heimwärts. Von weitem schon konnten wir erkennen, dass die Mutter Kerzen in die Fenster gestellt hatte, was die Weihnachtsstimmung steigerte. Nach einem reichhaltigen Essen mit Schweineschnitzeln, Kartoffelpürree und Apfelkompott ging es ins Bett. Im Flur stand die ganze Nacht über ein rotes Kerzenlicht, das geheimnisvoll flackerte. Am nächsten Morgen konnte man die Bescherung kaum erwarten, nicht selten schlug mir die kindliche Nervosität auf den Magen. Vater zündete die Wachskerzen am Baum an, an der Krippe wurde das Lied „Zu Bethlehem geboren" gesungen, wir wünschten uns Frohe Weihnachten und bestaunten dann die Gaben auf dem Wohnzimmertisch. Es gab Spielsachen, Bücher und allerlei nützliche Dinge wie Handschuhe oder Schals für den Winter. Als eines der schönsten Geschenke habe ich den großen „Davos"-Schlitten in Erinnerung, der im kalten Winter 1969/1970 auf unserem „Abhang" im großen Garten an der Bahnlinie Münster–Osnabrück besonders oft zum Einsatz kam.

Ist für die meisten Menschen mit dem Heiligen Abend Weihnachten im Grunde schon vorbei, so hatte dieser Tag bis zum Beginn des 20. Jahrhunderts in Westfalen und auch im ländlichen Münsterland noch eine ganz andere Bedeutung. Der 24. Dezember galt als Fastentag vor dem eigentlichen Hochfest Weihnachten, bis zum Abend waren noch alle Vorbereitungen im Haus und auf dem Hof zu treffen. In den frühen Morgenstunden des ersten Feiertages, meist zwischen 3 und 6 Uhr morgens, besuchte man dann die Ucht, wie die Christmette in vielen Gegenden Westfalens auch genannt wurde. Man ging, ohne vorher gegessen zu haben, in die Kirche

Über eine kleine Brücke führt der Weg zu dieser wunderschönen Holz-Krippe in der Pfarrkirche SS. Cosmas und Damian in Liesborn, die 1935 entstand. Über dem Stall steht der Satz: „Jehova Gott ist Mensch geboren." Unten: Weihnachtspyramiden aus dem Erzgebirge stehen auch im Münsterland hoch im Kurs. Wer noch ein Exemplar aus früheren DDR-Jahrzehnten hat, wird Jahr für Jahr an die deutsche Teilung und die fast wundersame Wiedervereinigung 1990 erinnert.

und trug ein Licht bei sich. Nach dem Kirchenbesuch wurde erst einmal ausgiebig gefrühstückt. „Mettwurst, Schinken und weißes Brot gehörten zu einem solchen Frühstück auf jeden Fall dazu", berichtet die münstersche Volkskundlerin Christiane Cantauw. Nach dem Frühstück stand noch das Hochamt in der Kirche auf dem Plan. Danach war dann Zeit für das eigentliche weihnachtliche Festessen mit mehreren Gängen, wie es auf dem Lande üblich war: Braten, Würste, Schweinebacke oder sogar ein halber Schweinskopf, dazu Grünkohl und Kartoffeln, und zum Nachtisch Milchreis mit Zimt und Zucker. Die meisten Lebensmittel, die man für ein solches Festessen brauchte, wurden auf dem eigenen Hof produziert. Das, was die Hausschlachtung hergab, kam auf den Tisch.

Noch bis ins 20. Jahrhundert hinein stellten die Kinder am Abend des 24. Dezember einen Teller vor die Tür. Am Weihnachtsmorgen war er dann mit Süßigkeiten, Obst und Backwaren gefüllt. Die Geschenke bei der Bescherung am Weihnachtsmorgen bestanden häufig aus warmer Winterkleidung und Schulsachen. Vor 1900 fiel die Bescherung meistens noch bescheidener aus oder fand gar nicht statt, denn bis ins 19.

Jahrhundert hinein war nicht Weihnachten der Bescherungstag, sondern der Nikolaustag am 6. Dezember. Von den mehr evangelisch geprägten Gebieten Westfalens ausgehend, bildete sich schließlich der heute bekannte Weihnachtsablauf heraus, der sich seit den 30er Jahren des 20. Jahrhunderts weitgehend durchgesetzt hat, wie die Volkskundler erklären. Wenn es am Heiligen Abend dämmert, ziehen sich die Familien festlich an, beginnen das Weihnachtsfest entweder mit dem Festessen, dem die Bescherung folgt, oder halt umgekehrt. Die Christmette am Heiligen Abend hat die „Ucht" am Weihnachtsmorgen vielerorts verdrängt. Mit dem ersten Weihnachtstag ist also, von einem weiteren feierlichen Mahl einmal abgesehen, das von vielen als schönstes Fest des Jahres empfundene Weihnachten schon wieder vorbei. Apropos „Feierliches Mahl". Die Schlachtplatte früherer Jahre hat sich gewandelt. In den Familien haben sich neue Traditionen des gepflegten Speisens entwickelt. Wenn die einen die Gans bevorzugen, mögen die anderen vielleicht Raclette oder Fondue. Auch hat sich der Weihnachtskarpfen gerade in Familien, die nach Krieg, Vertreibung oder Spätaussiedlung schlesische Traditionen weiterpflegen, einen festen Platz auf dem Weihnachtsmenü ergattert. Mitunter ist vom Essen am Heiligen Abend noch so viel übrig, dass damit auch das Mittagsmahl am ersten Feiertag bestückt werden kann. Das vermindert den Weihnachtsstress für denjenigen, der das Essen zubereitet.

Noch einmal zurück zum Heiligen Abend: Die Volkskundler wissen von einem schönen Brauch zu erzählen, der sich in den 50er Jahren in Münster abspielte. Hier war es üblich, die Verkehrspolizisten zu bescheren. Da der zunehmende Straßenverkehr mancherorts noch nicht durch Ampeln, sondern von Polizisten geregelt wurde, war der Heilige Abend ein passender Tag, um diesen zuverlässigen Staatsdienern eine Freude zu bereiten. Die Autofahrer drosselten im Vorüberfahren das Tempo, hielten kurz an und überreichten dem Schutzmann Präsente: eine Flasche Wein, eine Kiste Bier, eine Packung Zigaretten oder eine Schachtel Pralinen. Oft waren diese Geschenke für einen bestimmten Polizisten gedacht, den man halt von der täglichen Fahrt zur Arbeit kennen und schätzen gelernt hatte. Die Beamten durften die Präsente allerdings nicht behalten. Sie sammelten die Geschenke und verteilten sie an Altershcime oder soziale Einrichtungen.

Dass man an Weihnachten auch und gerade an die Menschen denken soll, denen es nicht oder nicht mehr vergönnt

Die Bösenseller Pfarrkirche St. Johannes Baptist im weihnachtlichen Schmuck. Barbara hat ihre Messdienerlaufbahn wie viele ihrer jungen Kolleginnen und Kollegen als Kerzenträgerin begonnen.

ist, im Familienkreis zu feiern, versteht sich von selbst. Seit vielen Jahren findet also in Münster eine so genannte „Offene Weihnacht" statt, zu der alte und einsame Menschen sowie Obdachlose aus der Stadt eingeladen sind. Der münstersche Weihbischof Friedrich Ostermann und einige fleißige Helfer luden in den vergangenen Jahren regelmäßig zu dieser Offenen Weihnacht ein, und die Gäste waren stets dankbar für einen stimmungsvollen Abend, der Erinnerungen an bessere Zeiten weckt und Kraft geben soll in dunkler Zeit. Es sollte nicht vergessen werden, dass sich viele Menschen von Berufs wegen oder auch ehrenamtlich an den Weihnachtstagen um Menschen kümmern, die sonst niemanden haben: die Krankenschwestern, die Altenpfleger, Erzieher und in der Fürsorge Tätigen, die in Krankenhäusern, Alten- oder Kinderheimen jenen ein Licht aufstecken, die seit langem oder vielleicht für kurze Zeit auf der Schattenseite des Lebens stehen. Die großen Spendenaktionen der Kirchen rufen ebenfalls dazu auf, den Überfluss der westlichen Welt mit jenen zu teilen, die am Rande oder sogar unter dem Existenzminimum leben müssen. Die katholische Aktion „Adveniat" unterstützt mit der Weihnachtskollekte die soziale und caritative Arbeit für Menschen in Lateinamerika, die evangelischen Kirchen erinnern mit der Aktion „Brot für die Welt" an die vielen Millionen hungernder Menschen auf der Welt.

„Krippkes bekieken"

Was wären die Weihnachtstage ohne die Krippen: „Krippkes bekieken" – seit einigen Generationen ist dies eine weihnachtliche Tradition in der Region. In mancherlei Hinsicht bieten sich Münster und das Münsterland für eine Entdeckungsreise an, denn nicht nur bayerische Bischofsstädte wie Bamberg, Regensburg oder München sind typische „Krippenstädte". Münster ist die Stadt der Kirchen, verfügt über etwa 70 Gotteshäuser, Klosterkirchen und Krankenhauskapellen und bietet deshalb eine Fülle schöner Krippen. Im Zentrum der Krippenkultur des Münsterlandes steht außerdem seit Jahrzehnten das Heimathaus Münsterland im Marienwallfahrtsort in Telgte, das Jahr für Jahr über 100 neue und ausdrucksstarke Krippen von Künstlern und krippenschaffenden Laien präsentiert und 1994 um ein eigenes Krippenmuseum mit ständiger Ausstellung zur Weihnachts- und Krippenkultur erweitert wurde.

Diese eindrucksvolle Krippe mit dem Titel „Herbergssuche" fertigte Ludwig Nolde aus Osnabrück 1951 aus getöntem Lindenholz an. Sie befindet sich in der ständigen Sammlung des Krippenmuseums Telgte.

Münster, Stadt der Kirchen und der Krippen: Eine der ältesten erhaltenen Kirchenkrippen in Münster findet sich in St. Ludgeri und wurde bereits im Jahre 1886 gestaltet. Mancherorts übrigens stehen Krippen schon in der Adventszeit. So ist die Krippe der Pfarrkirche St. Nikolaus in Wolbeck seit vielen Jahren für ihre wunderhübsch gestaltete Wandelkrippe bekannt. In verschiedenen Szenen und Bildern wird das Weihnachtsgeschehen von der Herbergssuche bis zur Flucht nach Ägypten dargestellt.

Wer zum Beispiel in den Tagen nach Weihnachten einen gemütlichen Spaziergang durch Münster machen möchte, um sich von üppigen Mahlzeiten zu erholen, der kann bei seinem kulturhistorischen und besinnlichen Rundgang etwa die Mutterhauskirche der Clemensschwestern an der Stubengasse als Ausgangspunkt nehmen: Hier ist die „Warendorfer Krippe" von 1855, ehemals in Besitz einer alteingesessenen Kaufmannsfamilie, mit ihren acht textilbekleideten Holzgliederfiguren zu sehen. Der Weg führt dann weiter zur direkt benachbarten Anbetungskirche St. Servatii, die in der Weihnachtszeit als farbigen Gipsabguss ein niederrheinisches Krippenrelief aus dem spätgotischen Schnitzaltar „Die sieben Freuden Mariens" in St. Nicolai zu Kalkar zeigt. Die Weihnachtsdarstellung spielt sich vor einer Palastruine ab, die als Behausung des Königs David in Jerusalem gedeutet werden kann.

Die Krippenwanderung führt an der Stadt- und Marktkirche St. Lamberti vorbei, wo über der berühmten „Brautpforte" ein sandsteinernes Tympanon mit der Heiligen Familie und

Aus Tansania kommt diese Einbaum-Krippe aus Ebenholz, die Edvard Ndandu in den 70er Jahren schuf. Sie befindet sich im Krippenmusem Telgte.

dem Jesuskind im Strahlenkranz zum Betrachten und Verweilen einlädt. Reste des Originals dieser Nachbildung finden sich in der Sakramentskapelle von St. Lamberti. Von hier ist es nicht weit bis zum St. Paulus-Dom, wo im „Paradies" links oberhalb der großen Paulusfigur ein spätromanisches Weihnachtsrelief aus der Zeit um 1230 zu sehen ist. Maria thront in der Mitte und hat das Jesuskind auf dem Schoß, die Heiligen Drei Könige, etwas statisch dargestellt, bringen ihre Gaben Gold, Weihrauch und Myrrhe. Im Dom selbst zieht die von Ernst und großer Schlichtheit gekennzeichnete Schnitzfigurenkrippe der Franziskanerin Eberharde Kohlstedt viele Besucher an. Früher wurde sie in der südlichen Turmkapelle aufgebaut, jetzt steht sie am vorderen linken Vierungspfeiler und ist so auch in den Weihnachtsgottesdiensten stets auf Blickhöhe präsent. Der interessierte Krippenwanderer sollte auch die Kreuzkapelle im Chorumgang aufsuchen, wo Johann Brabenders berühmte „Anbetung der Heiligen Drei Könige" zu sehen ist: ein Altaraufsatz aus der Nachwiedertäuferzeit um 1540/50. Als Schlusspunkt bietet sich die um 1950 angefertigte Oberammergauer Krippe in der evangelischen Apostelkirche mit ihren 16 geschnitzten Figuren an. Oberhalb der Weihnachtsdarstellung erhebt sich ein Kruzifixus. Zeichen dafür, dass der Besucher gedanklich nicht bei der lieblichen Weihnachtsdarstellung stehen bleiben, sondern auch den Tod und die Auferstehung Jesu in den Blick nehmen soll. Ostern mit der Botschaft der Auferstehung und des unzerstörbaren Lebens bildet den Mittelpunkt des christlichen Glaubens. Dies wird übrigens auch in der an der Peripherie Münsters gelegenen Dyckburgkirche St. Mariä Himmelfahrt deutlich, deren Eingangstrakt, eine Loretokapelle, um 1740 Münsters Barockbaumeister J. C. Schlaun schuf. Die Figurenkrippe in der 1914 angebauten Grabkapelle der Grafenfamilie von Hatzfeld-Trachenberg wurde kürzlich im Kloster Hamicolt völlig neu eingekleidet. Oberhalb der Krippe wölbt sich das wunderschöne Mosaik des auferstandenen Christus nach einer Skizze des Malers Friedrich Stummel: Krippe und Auferstehung als Anfang und triumphales Ende der Selbstmitteilung Gottes an den Menschen. Seit vielen Jahren immer wieder ein besonderer Anziehungspunkt ist die Krippe des Clemenshospitals in Münster, die sich ebenfalls für einen eigenen Krippenausflug anbietet. Mediziner, Seelsorger und Mitarbeiter des Krankenhauses haben hier über Jahre eine bezaubernde und großformatige Krippenlandschaft inklusive einer wunderhübschen

Diese bunte und ausgestanzte Faltkrippe aus den Beständen des Krippenmuseum Telgte wurde Ende des 19. Jahrhunderts schon industriell gefertigt.

Windmühle geschaffen. Für die Kranken wie für die Besucher ist diese Krippe ein besonderer Angelpunkt, um neue Kräfte und Hoffnung zu wecken.

Die größte Krippendarstellung im Münsterland befindet sich in der St.-Antonius-Basilika in Rheine, und zwar in der dortigen Krypta. Auf einer Fläche von mehr als 200 Quadratmetern wird hier das Weihnachtsgeschehen in Szene gesetzt. Etwa 100 Besuchergruppen sind es zwischen dem 25. Dezember und 25. Januar, die Rheine und seine Basilika wegen dieser Krippe besuchen. Rund 100 Figuren sind es, die Jahr für Jahr in einer aufwendigen und immer wieder neu strukturierten Landschaft stehen. Hier wird der Krippenbesuch zur Meditation.

Zu den größten und schönsten Krippen des Münsterlandes gehört die in eine große Landschaft eingebettete Krippe der St. Antonius-Basilika in Rheine, die Jahr für Jahr viele Besuchergruppen anlockt.

„O Tannenbaum"

Eigentlich ist der Tannenbaum, Weihnachtsbaum oder Christbaum in seiner inflationären Fülle nichts Besonderes mehr, zumal die ersten beleuchteten und geschmückten Exemplare in den Geschäftshäusern schon im Oktober zu finden sind. Auch die Städte überschlagen gerne die Adventszeit und putzen sich mit Tannenbäumen heraus, die mitunter viele Meter hoch in den Himmel ragen und zuweilen sogar zu Pyramiden aufgeschichtet werden, damit sie größer wirken. Keine Frage: Der lichtglänzende, üppige, strahlend schöne Weihnachtsbaum hat seit vielen Jahrzehnten seinen Siegeszug durch

„Der Christbaum ist der schönste Baum". Das Krippenmuseum Telgte und die Borkenerin Ria Gille haben viel von dem zusammengetragen, was den Weihnachtsbaum früher schmückte. Wie man sieht, gab's früher noch mehr Kugeln, Zapfen und Lametta.

die Welt angetreten und schmückt vielmillionenfach die Wohnstuben. Man könnte meinen, der Brauch, einen Tannenbaum in die Wohnung zu stellen, damit er am Heiligen Abend oder am Weihnachtsmorgen die stimmungsvolle Kulisse für die Bescherung bildet, sei schon viele Hundert Jahre alt. Das Krippenmuseum in Telgte zeigte vor nicht langer Zeit in einer sehenswerten Ausstellung, dass der Tannenbaumbrauch ein recht junger Brauch ist und sich in Deutschland erst seit etwa 100 Jahren flächendeckend durchsetzte. Apropos Tannenbaum: In der Regel stehen preiswerte Fichten in den Wohnstuben, Edeltannen sind schon etwas teurer. Sie nadeln nicht so schnell, doch pieksen sie beim Schmücken unangenehm in die Finger. In Mode gekommen ist die Nordmanntanne. Sie ist saftiggrün, und die weichen und damit fingerfreundlichen Nadeln fallen kaum ab. Die Baumschulen im Münsterland liefern Jahr für Jahr den passend großen „Nachwuchs" an Bäumen, vor allem aber das benachbarte Sauerland gilt als Hauptlieferant für die begehrten Weihnachtsbäume. Vor Bau- und Supermärkten türmen sich schon zu Beginn des Advent die Bäume, die in einem praktischen Netz nach Hause transportiert werden können, damit sie dann zu Weihnachten ihre Pracht entfalten.

Wer stellte wohl den ersten geschmückten Tannenbaum auf? Genau wird man das wohl nie herausfinden. Anja Schöne, stellvertretende Leiterin des Krippenmuseums Telgte, hat einige Belege gesammelt. So stellte 1419 eine Bruderschaft von Freiburger Bäckerknechten einen geschmückten Tannenbaum auf, eine Bremer Chronik von 1570 berichtet von einem Gabenbaum im Zunfthaus, der von den Kindern Weihnachten geplündert wurde. Die ersten Zeugnisse von Tannenbäumen in den Wohnstuben stammen aus dem Elsass, aber auch aus Schlesien gibt es alte Belege aus dem 17. Jahrhundert. So soll der erste mit Kerzen geschmückte Tannenbaum durch die Herzogin Dorothea Sibylle von Schlesien in ihrem Schloss aufgebaut worden sein. Es blieb zunächst bei vereinzelten „Christbäumen". Mitte des 18. Jahrhundets stellten zunächst der europäische Adel, dann auch Bürgertum und Handwerkerschaft einen geschmückten Tannenbaum auf. Goethe reimte 1822: „Bäume leuchtend, Bäume glänzend, überall das Süße spendend ..." Im 19. Jahrhundert entstanden auch die bekannten „Tannenbaum-Lieder". Aber noch war der Tannenbaum nicht flächendeckend verbreitet, sondern fand sich vor allem in aristokratischen und bürgerlichen Kreisen. Im Skizzenbuch von

Jenny von Droste-Hülshoff, das auf etwa 1833 datiert wird, findet sich ein kleines gemaltes Bäumchen, mit Kerzen besteckt und mit Äpfeln und anderen Dingen behangen. Annette, die Dichterin, berichtete erst 1845 anlässlich ihres letzten Weihnachtsfestes im Haus Hülshoff vom Weihnachtsbaum als einer schon länger üblichen Sitte. Der Dichter Augustin Wibbelt erzählte, dass erst im Jahre 1872 in seinem Elternhaus in Vorhelm der erste Weihnachsbaum aufgestellt wurde, was ihm als Kind wie eine „märchenhafte Überraschung" vorkam. Der Baum war mit Glaskugeln und Leckereien geschmückt.

Merkwürdigerweise haben gerade Kriege, so der deutsch-französische Krieg 1870/71 und auch der Erste Weltkrieg, den Christbaum populär gemacht. Auf Postkarten wurde die „Frontweihnacht" mit Lichterbaum und umstehenden Soldaten stilisiert. Zunächst im 19. Jahrhundert noch als „protestantisches Brauchtum" angesehen, fand der Weihnachtsbaum dann Anfang des 20. Jahrhunderts schließlich weite Verbreitung in ländlichen und katholischen Gebieten Westfalens, so auch im Münsterland. Mancher Münsterländer lernte den Weihnachtsbaum erst im Ersten Weltkrieg kennen, als man mit Hilfe von Lichterbäumen in den Schützengräben ein wenig weihnachtliches Flair für die Soldaten schaffen wollte. „Viele von ihnen haben den Brauch dann mit ins Münsterland genommen", berichtet die münstersche Volkskundlerin Christiane Cantauw. Die Nationalsozialisten versuchten zwischen 1933 und 1945, das Weihnachtsfest zum Julfest oder Wintersonnenwendefest umzustilisieren. Christbaumkugeln oder -spitzen wurden mit Hakenkreuzen versehen. Der Weihnachtsbaum wurde zur „Jultanne". Zum Glück dauerte der neuheidnische Rausch nur ein paar Jahre.

Die Borkenerin Ria Gille und auch das Krippenmuseum in Telgte haben vieles von dem zusammengetragen, was den Christbaum ausmacht und in den vergangenen 150 Jahren schmückte und stabilisierte: ornamentierte gusseiserne Christbaumständer, Weihnachtsbaumkugeln in allen Formen und Farben, vorzugsweise aus Thüringen, und erzgebirgischen Holzschmuck. Alles das hielt und hält noch heute Einzug in die münsterländischen Stuben, wenn es auf Weihnachten zugeht und die Bescherung vorbereitet wird. Wobei fernöstliche Industrie- und Billigware die handwerklichen Unikate und Raritäten, die freilich auch ihren Preis haben, immer mehr verdrängen.

1. O Tannenbaum, o Tannenbaum,
wie grün sind deine Blätter!
Du grünst nicht nur zur Sommerzeit,
nein, auch im Winter, wenn es schneit.
O Tannenbaum, o Tannenbaum,
wie grün sind deine Blätter!

2. O Tannenbaum, o Tannenbaum,
du kannst mir sehr gefallen.
Wie oft hat schon zur Winterszeit
ein Baum von dir mich hoch erfreut.
O Tannenbaum, o Tannenbaum,
du kannst mir sehr gefallen!

3. O Tannenbaum, o Tannenbaum,
dein Kleid will mich was lehren:
Die Hoffnung und Beständigkeit
gibt Trost und Kraft zu jeder Zeit.
O Tannenbaum, o Tannenbaum,
dein Kleid will mich was lehren.

(Ernst Anschütz, 1780–1861)

„Zwischen den Jahren" schweben

Durch die längsten Nächte bis Silvester und Neujahr

In den Tagen zwischen Weihnachten und Neujahr heißt es vielfach, dies sei die Zeit „Zwischen den Jahren". Viele benutzen diese Redewendung, doch ihr tieferer Sinn liegt im Dunkeln. Volkskundler und Historiker verweisen hier gerne auf unterschiedliche Jahresanfänge in den vergangenen Jahrhunderten, je nach verwendetem Kalender, Religion und Region. Bedeutsamer für die Menschen unserer Breitengrade ist jedoch sicher die Erfahrung, in diesen Tagen eine Auszeit zu nehmen und nach einem anstrengenden Jahr neuen Atem zu schöpfen. Das alte Jahr ist zwar noch nicht vergangen, aber vom Gefühl her ist es vorbei. Allerdings hat das neue Jahr auch noch nicht angefangen. Und so scheint im Windschatten von Weihnachten die Zeit für ein paar Tage stillzustehen. Man fährt in Urlaub oder bleibt noch für einige Tage daheim, genießt das Erreichte und hofft auf das Neue, das noch nicht angebrochen ist. Die Redewendung „Zwischen den Jahren" enthält unbewusst aber auch die Erinnerung, dass es in früheren Jahrhunderten

Mit Meditationen und Gottesdienst erwarten die Gläubigen im münsterschen Paulus-Dom am Silvesterabend das neue Jahr.

190

unterschiedliche Kalender und Jahresanfänge gab. Im alten römischen Reich begann das Jahr mit dem Monat März. Dies erklärt auch, warum die Monate September, Oktober, November und Dezember die lateinischen Zahlwörter von sieben bis zehn aufnehmen, obwohl sie doch in unserem Jahreslauf an neunter bis zwölfter Stelle stehen. Seit dem Jahre 153 vor Christus jedoch wurde es in Rom üblich, in den ersten Januartagen den Ämterwechsel vorzunehmen. Julius Cäsar bestätigte mit seiner Kalenderreform im Jahre 46 v. Chr. den Jahresbeginn mit dem 1. Januar. Dieses Datum wurde 1582 auch vom Gregorianischen Kalender übernommen. Doch bis dahin und weit in das 17. Jahrhundert hinein gab es gleichzeitig andere Jahresanfangstermine, darunter den 25. Dezember und den 6. Januar. Erst Papst Innozenz XII. erkannte den 1. Januar als Neujahr im Jahre 1691 verbindlich für die Christenheit an. Das Kirchenjahr mit seinen drei unterschiedlichen Lesejahren (je nach Lesejahr gibt es unterschiedliche Lesungs- und Messtexte) weicht nach wie vor vom üblichen Kalender ab und beginnt jeweils mit dem 1. Advent. Im Judentum und im Islam, auch in den fernöstlichen Kulturen sind andere Jahresanfangstermine gängig. Trotz sekundengenauer Computeruhren nehmen die Menschen es zwischen Weihnachten, Neujahr und Dreikönige nicht so ganz genau mit der Zeit, und sie treffen

Wunderkerzen erleuchten die dunklen Nächte zwischen Weihnachten und Neujahr.

„Das alte ist vergangen,
das neue angefangen,
Glück zu, Glück zu,
zum neuen Jahr!"

doch punktgenau die Grundstimmung dieser Zwischenphase. Für diese Zwischenzeit galten früher wegen der kalendarischen Unsicherheit auch manche Verbote und Gebote. Nur die notwendigsten Arbeiten durften verrichtet werden. Juristen und Kaufleute verschoben Geschäftsabschlüsse. Auf dem Land hatte das Gesinde frei, es war meistens die einzige Urlaubszeit für Knechte und Mägde, etliche Hausarbeiten wie Wäschewaschen mussten aus tief verwurzeltem Aberglauben heraus ruhen, um kein Unheil heraufzubeschwören. Noch heute kennen viele Münsterländer den dunklen Spruch, dass etwa in der Nacht von Silvester auf Neujahr keine Wäsche auf dem Dachboden hängen solle. Ansonsten stürbe im neuen Jahr womöglich jemand aus der Familie. Ähnlich wie in anderen Regionen galten die „Dreizehn Tage" zwischen Heiligabend und Dreikönige, im Münsterland „de Dietteinsten" genannt, als besonders geheimnisvoll. Es waren halt vom Sonnenstand her die dunkelsten Tage des Jahres. Man erzählte, wie Volkskundler berichten, zum Beispiel besonders gerne Geistergeschichten am Kaminfeuer. In Teilen des Münsterlandes war es auch wie andernorts in Westfalen üblich, die Ställe in dieser Zeit nicht auszumisten, da man annahm, dass sonst das Vieh krank würde. Im Lipperland hieß es gar, dass mit dem Mist im Zweifelsfall das Glück aus dem Haus getragen würde. Wie an Wendezeiten im Jahr üblich, wurden aus Alltäglichkeiten wie einem aufgeschnittenen Apfelkerngehäuse – blieben die Kerne unversehrt, stand Glück ins Haus – und Wetterbeobachtungen Rückschlüsse auf den Verlauf des gesamten neuen Jahres gezogen. Im süddeutschen und österreichischen Raum sprach man zwischen Weihnachten und Dreikönige von den so genannten Raunächten. „Rau" meint hier so viel wie behaart – in Anspielung auf mit Fellen bekleidete Dämonengestalten. In dieser Zeit wurden früher auch Haus, Hof und Amtsgebäude mit Weihrauch eingeräuchert, um Dämonen zu vertreiben, so dass die Bezeichnung „Raunächte" möglicherweise auch mit „Rauch" zu tun hat. Viel von dem, was früher aufgrund des ländlichen Arbeitsrhythmus und der kargen Zeiten nötig war, ist heute verschwunden. Im multimedialen Zeitalter gibt es neue Gewohnheiten, die Zeit nach Weihnachten zu strukturieren. Manche freuen sich auf die Wiederholung alter bekannter Fernsehserien oder auf diverse Jahresrückblicke. Das Fernsehen und die Zeitungen haben davon reichlich zu bieten.

Kurz und gut: „Zwischen den Jahren" gibt es rein mathematisch-kalendarisch natürlich nicht, doch das Gefühl der

Menschen geht hier, wie man sieht, bis heute ganz eigenständige Wege, um die besondere Zeitstrecke zwischen Weihnachten, Neujahr und Dreikönige zu beschreiben.

Münsters Paulus-Dom wird in der Neujahrsnacht von Leuchtraketen umkränzt.

Silvester und Neujahr

Kaum ist Weihnachten vorbei, füllen sich die Regale in den Supermärkten mit Silvesterartikeln. Luftschlangen, Konfetti, Sekt und passende Speisen wie Berliner Ballen, Fondue oder Raclette sollen den Wechsel vom alten zum neuen Jahr umrahmen. Zuweilen kommt auch ein leckerer Karpfen auf den Tisch. Nicht zu vergessen ist das Feuerwerk. Jahr für Jahr steigern sich die Anbieter farbenprächtiger Raketen-Sortimente in ihrem Einfallsreichtum. Vom 27. Dezember an lassen die Prospekte in den Zeitungen vor allem die Herzen der Väter und Kinder höherschlagen. Beim „Böllern" will keiner zurückstehen, wobei die wuchtigen China-Kracher, bei Jugendlichen offenbar sehr beliebt, manchem Vater wegen ihrer Sprengkraft Sorge bereiten. Die kleinen „Ziesemännken", die es schon in den 70er Jahren in ganzen zusammengebundenen „Matten" gab, waren ja noch vergleichsweise harmlos. Viel schöner sind die Römischen Lichter, die Leuchtraketen oder Bombetten mit bis zu hundert aufsteigenden Leuchtkugeln oder aber die

Die Hinterlassenschaften der Nacht von Silvester auf Neujahr müssen auch am Domplatz mühsam aus den Ecken gekratzt werden.

sprühenden Vulkane und rotierenden Diamanträder. Manche Hilfsorganisationen weisen Jahr für Jahr darauf hin, dass man das Geld für die Rakten doch lieber spenden sollte. Doch auch hier gilt wohl die alte Faustregel, dass jemand, der gerne einmal ausgelassen feiert und sich dabei auch etwas gönnt, in der Regel ein größeres Herz für die Not anderer Menschen hat als jemand, der stets eine sauertöpfische, moralinsaure Miene aufsetzt und die fröhliche Umwelt mit Verachtung straft. Silvester jedenfalls wird heute ausgiebig gefeiert, auch im Münsterland. Viele Unternehmer haben ein Herz für ihre Mitarbeiter, die Geschäfte und Büros schließen früher, viele nehmen auch Urlaub, und so kann man sich in Ruhe auf einen netten Abend vorbereiten.

Das neue Jahr wurde früher übrigens mit Schüssen aus Gewehren oder Pistolen begrüßt. Auf dem Land böllerte man vorzugsweise mit Karbid in Milchkannen. Das sich in der Kanne ausdehnende Gas sprengte mit lautem Knall den zuvor fest verschlossenen Deckel weg. Weil durch selbstgebastelte Böller auch viele Unfälle passierten, wurde das Neujahrsschießen im 17. und 18. Jahrhundert auch vielerorts von den Behörden verboten. Viele jedoch hielten sich nicht daran. Die Volkskundliche Kommission des Landschaftsverbandes Westfalen-Lippe weiß um manchen regionalen Brauch im Münsterland. So gab es in Nienberge bei Münster früher das so genannte Neujahrshämmern. Dabei versammelte sich der Schmied mit seinen Gesellen um den Amboss. Mit einem lustigen Ping-Pong-Takt hämmerten sie zunächst das alte Jahr aus, und um Mitternacht gab der Schmied mit zwölf lauten Schlägen das neue Jahr bekannt. Ob Hämmern oder Böllern, der Krach sollte ursprünglich die bösen Geister vertreiben. Die Jahreswende war auch dazu angetan, Orakel zu befragen und in die Zukunft zu schauen. In manchen Familien ist noch heute das so genannte Bleigießen verbreitet. Aus der Form eines zunächst geschmolze-

Viele Wünsche für ein „gutes neues Jahr": Bischof Reinhard Lettmann empfängt am Neujahrstag Vertreter aus Politik und Kirche sowie Bürger der Stadt.

Münsters Lokalmatador und vielbeschäftigter Musiker sowie Entertainer Götz Alsmann bringt Stimmung in das Neujahrskonzert im Großen Haus des münsterschen Theaters.

nen und dann im Wasser abgekühlten Bleiklümpchens wird so auf Ereignisse oder Perspektiven im neuen Jahr geschlossen. Glücksbringer wie Kleeblätter oder kleine Schornsteinfegerfiguren finden sich als Dekorationsware in vielen Geschäften. Ob daran noch wirklich ein kindlicher Aberglaube hängt, darf man heute bezweifeln. Doch sollte niemand unterschätzen, dass in einer Gesellschaft, die vielerorts das Religiöse verdrängt hat, Horoskope, Orakel und Hellseher wieder hoch im Kurs stehen. Man könnte dann zuweilen vermuten, eine Aufklärung habe es in Europa niemals gegeben.

In vielen Gemeinden des Münsterlandes hat sich in den vergangenen Jahren aber auch eine alternative Festkultur um Silvester und Neujahr gebildet. In manchen Pfarrgemeinden sind die Kirche zum stillen Gebet geöffnet. In der Dyckburg-Kirche im Osten der Stadt Münster zum Beispiel wurde über einige Jahre ein ganz besonders feierlicher und besinnlicher Jahresschlussgottesdienst gefeiert, der um 23 Uhr begann und pünktlich um Mitternacht mit dem „Te Deum", dem Lied „Großer Gott, wir loben Dich", endete. Der Bischof von Münster lädt Jahr für Jahr besonders Jugendliche dazu ein, eine alternative Silvesternacht im Dom zu feiern. Bei Liedern, Gebeten und Meditationen herrscht in der mächtigen Bischofskirche eine faszinierende Atmosphäre. Was nicht heißt, dass dann

um Mitternacht rund um den Dom nicht auch das große Böllern und Raketenschießen beginnt. Wenn man genau hinhört,
dann vernimmt man in Münster auch das fröhliche Tuten der
Kanalschiffe, und vor allem die Glocken der Kirchen künden
davon, dass die Zeit in Gottes Händen ist.

Niemand kann darüber hinwegsehen, dass der Jahreswechsel auch ein durch die Medien mitbestimmtes Ereignis ist.
Schon Wochen vor Silvester überschlagen sich manche Fernsehsender mit Jahresrückblickssendungen im Showformat.
Die Tageszeitungen erscheinen am Silvestertag mit bunten
Beilagen oder einem ausführlichen Jahresrückblick, den sich
mancher gerne als Erinnerung an ein ereignisreiches Jahre zu-
rücklegt.

Das Fernsehprogramm mit seinen mittlerweile über 40
Kabelkanälen oder hundert Satellitenprogrammen bietet die
gesamte Palette an Unterhaltung und prägt damit auch die
Festkultur in vielen Häusern. Vieles davon ist in die Katego-
rie „besinnungslose Fröhlichkeit" einzustufen. Manches gehört als „Kult" zum Silvesterabend dazu. Zum Beispiel der alte
Sketch-Klassiker „Dinner for One", der in Schwarz-Weiß-Fas-
sung oder sogar in nachkolorierter Version auf fast allen dritten Programmen des Fernsehens läuft. Aber auch das Silvester-

Regierungspräsident Dr. Jörg Twenhöven (l.) und Münsters Oberbürgermeister Dr. Berthold Tillmann begrüßen zum Neuen Jahr die Sternsinger.

Die Astronomische Uhr im Dom zu Münster zählt Minuten, Stunden, Tage, Monate und Jahre und erinnert die Menschen daran, dass sie ihre Zeit gut nutzen sollen.

konzert der Berliner Philharmoniker und das Neujahrskonzert der Wiener Philharmoniker gehören für viele zum Jahreswechsel-Standardprogramm. Wer Musik lieber live erleben möchte, der kann das beim mittlerweile traditionellen Silvesterkonzert in der Aula des Dülmener Gymnasiums tun, wo bevorzugt Orchester aus Osteuropa gastieren, oder aber beim Neujahrskonzert im Großen Haus der Städtischen Bühnen Münster, wo sich zuweilen der münstersche Musiker und Fernseh-Entertainer Götz Alsmann die Ehre gibt.

In der Neujahrsnacht um zwei Uhr sind die letzten Raketen verglüht. Unter Nachbarn wünscht man sich Glück und Gesundheit für das neue Jahr. Am 1. Januar steht man spät auf, und in der Regel beginnt das neue Jahr so, wie es im Münsterland typisch ist. Vergleichsweise mild, trüb und neblig. Wenn die letzten Fetzen des Feuerwerks aus den Gassen und Beeten weggekehrt sind, freut man sich auf das Neujahrsskispringen oder setzt sich noch einmal unter den Weihnachtsbaum und denkt darüber nach, was das neue Jahr wohl an Überraschungen bereithält. Vielleicht ist es dabei ganz beruhigend, dass das Münsterland im Jahreslauf wieder viel Bekanntes und Bewährtes mit sich bringen wird.

Rippenzierscheibe (um 1250). Gewölbeornament im Ostquerhaus des Paulusdoms. Der Umlauf der drei Hasen symbolisiert den Lauf der Zeit: Vergangenheit – Gegenwart – Zukunft.

Quellen und weiterführende Literatur

Becker-Huberti, Manfred: Feiern – Feste – Jahreszeiten. Lebendige Bräuche im ganzen Jahr. Geschichte und Geschichten, Lieder und Legenden. Freiburg 1998

Becker-Huberti, Manfred: Der heilige Nikolaus. Leben, Legenden und Bräuche. Köln 2005

Bieger, Eckhard: Die Feste im Kirchenjahr. Entstehung, Bedeutung, Brauchtum. Leipzig 2006

Bieritz, Karl-Heinrich: Das Kirchenjahr. Feste, Gedenk- und Feiertage in Geschichte und Gegenwart. München 1994

Bund Westfälischer Karneval e. V. (Hg.): Westfälischer Karneval in Bild und Schrift. Kleve 1983

Brockhaus-Enzyklopädie, 21. Auflage. Mannheim 2006

Direktorium für das Bistum Münster 2006/2007. Greven 2006

Evangelisches Gesangbuch für die Kirche von Westfalen. Gütersloh/Bielefeld 1996

Gotteslob. Katholisches Gebet- und Gesangbuch. Ausgabe Bistum Münster. Münster 2004.

Ilisch, Peter / Kösters, Christoph (Bearb.): Die Patrozinien Westfalens von den Anfängen bis zum Ende des Alten Reiches. Münster 1992

Krewerth, Rainer A. / Nüßing, Ilka: Durch die stille Jahreszeit. Advent bis Dreikönige in Westfalen. Münster 1999

Loy, Johannes: Weihnachtszeit im Münsterland. Münster 2006

Lüke, Ulrich: Erregung öffentlichen Umdenkens. Anstößige Gedanken zum Kirchenjahr. Regensburg 1993

Röser, Johannes: Mut zur Religion. Erziehung, Werte und die neue Frage nach Gott. Freiburg 2005

Sauermann, Dietmar: Lambertuslieder. In: Jahrbuch für Volksliedforschung, 13. Jahrgang/1968, S. 123–173

Sauermann, Dietmar: Weihnachten im alten Westfalen. Husum 2004

Sauermann, Dietmar: Von Advent bis Dreikönige. Weihnachten in Westfalen. Münster 1996

Schauber, Vera / Schindler, Hanns Michael: Bildlexikon der Heiligen, Seligen und Namenspatrone. Augsburg 1999

Schnitzler, Theodor: Kirchenjahr und Brauchtum neu entdeckt. Freiburg 1977

Internet-Hinweise:

www.deutscher-wetterdienst.de
www.kath.de
www.kirchensite.de
www.kirchenwebsites.de
www.lwl.org
www.museum-telgte.de
www.sternsinger.org
www.warendorfer-kirchen.de

Ein besonderer Dank geht an die Volkskundliche Kommission für Westfalen und an die Pressestelle des Landschaftsverbandes Westfalen-Lippe in Münster.